はじめに

　近年、日本の多くの大学で第二外国語は必須科目として扱われています。その中で韓国語は人気のある科目の一つであると言われています。それは、2000年代初めに始まった「韓流ブーム」により日本人が韓国語に親しみを感じるようになったこと、語順など日本語との類似点があるため、日本語母語話者にとって学びやすい言語であるからだと思われます。

　本書は大学で韓国語を学び始める学生〜〜〜〜〜〜〜〜〜〜そでの学習は時間的な制約もあり、短い時間でたくさんの〜〜〜〜〜〜〜〜〜あります。そのため、入門や初級の学習において、文字や〜〜〜〜〜〜をとられ、会話ができるレベルにまで至らないことがあります。本書は短期間で韓国語会話についても学習できるように、次のように構成しました。

（1）90分の授業で週2回の場合は半年、週1回の場合は1年で学習できることを想定して本書を作成しました。

（2）「Ⅰ　ハングルを習おう！」（文字編、1課〜8課)を学習しながら、なるべく自然に会話につながるように、「Ⅰ　ハングルを習おう！」にはミニ会話を、「Ⅱ　話してみよう！」（会話編）からは各課に会話文をつけました。文字編のミニ会話は韓国語の表現になれてもらうことを目的としている一方、会話編の会話文は応用可能性が広いものとなっています。覚えてしまえば実際の会話に大いに役立つでしょう。

（3）「Ⅱ　話してみよう！」（会話編、1課〜19課)には、課ごとに表現応用欄を設け、その課で学習した表現が確実に定着できるように工夫しました。

（4）本文の内容は、主人公のリエが旅行先の韓国で体験したエピソードを扱い、実用的な韓国語の表現に重点を置きました。

（5）韓国語の学習がより楽しくなるように、大衆文化や観光情報を紹介しました。

（6）「ハングル能力検定」5級（ハングル能力検定協会）に準拠する形で作成しました。

著者３人は、大学教育の現場で韓国語を教えている立場として、少しでも実用的な効果をもたらす教え方について話し合いながら、初級のレベルでも会話のスキルを身につけることができるように作成しました。2000年代初めからドラマやポップミュージックなどを通して本格的に日本で流行した「韓流」は、今や日本に定着し、すでに「ブーム」ではなくなりました。大学生の多くは韓国のポップカルチャーを当然のことのように受け入れています。この定着が、両国の更なる文化交流につながり、日韓の人々がお互いをより深く理解できるようになることを願います。そのために本書が役立てれば幸いです。

　学習者の皆さんが本書を通して短期間で韓国語のコミュニケーションスキルを身につけ、隣国の韓国を訪ねて多様な経験ができれば著者としてこれ以上の喜びはありません。

　末尾になりましたが、本書の出版をご快諾くださった白帝社、原稿執筆へのご助言と編集過程を統括してくださった同社企画室長の伊佐順子様に心から感謝申し上げます。

2022年1月

著者　朴恩珠・森類臣・権世美

쑥쑥 자라네

チュク　チュク　チャ　ラ　ネ

ぐんぐん伸びる韓国語　初級

朴恩珠・森類臣・権世美　著

白帝社

本書の音声について

❖『쭉쭉 자라네 チュクチュク チャラネ』の音声ファイル（MP3）を無料でダウンロードすることができます。

「白帝社　チュクチュク　チャラネ」で検索、または下記サイトにアクセスしてください。

http://www.hakuteisha.co.jp/news/n44930.html

・スマートフォンからアクセスする場合はQRコードを読み取ってください。

❖ 吹き込み：車妍京・宋和龍・朴錬振

❖ 本文中の 000 マークの箇所が音声ファイル（MP3）提供箇所です。 PCやスマートフォン（別途解凍アプリが必要）などにダウンロードしてご利用ください。

＊ デジタルオーディオプレーヤーやスマートフォンに転送して聞く場合は、各製品の取り扱い説明書やヘルプによってください。

＊ 各機器と再生ソフトに関する技術的なご質問は、各メーカーにお願いいたします。

＊ 本テキストと音声は著作権法で保護されています。

目次

Ⅰ. ハングルを習おう！
ハングルの歴史と組み合わせ＆韓国語について

付録

I

ハングルを習おう！

Ⅰ. ハングルを習おう！
ハングルの歴史と組み合わせ＆韓国語について

1.　ハングルとは？

　ハングル（한글）は韓国語を書き表すために使われている文字のことです。ハングルは15世紀中頃（1443年）、当時の朝鮮王朝第四代国王の世宗によって創られました。当時は漢字を借用して文字生活をしていましたが、漢字を用いる文字生活は一部の階級の人々に限るもので、庶民には文字生活がほとんど行き渡っていない状況でした。そのため、国王の世宗が韓国語を発音する時の調音器官の形態を基に文字を創りました。それがハングルです。当初、ハングルは「訓民正音（훈민정음）」という名前で公布（1446年）されましたが、20世紀初めに「ハングル」と呼ばれるようになりました。このハングルの創成によって、庶民も文字生活を営むことができるようになりました。

　音素文字であるハングルは、子音字母が19個と、母音字母が21個で構成され、覚えやすい文字と言われています。

세종대왕（世宗大王）

2.　ハングルの字母

① 子音字母 19個

字母	ㄱ	ㄴ	ㄷ	ㄹ	ㅁ	ㅂ	ㅅ	ㅇ	ㅈ	ㅊ
名	기역	니은	디귿	리을	미음	비읍	시옷	이응	지읒	치읓
音	g	n	d	r	m	b	s	無音/ng	j	ch

字母	ㅋ	ㅌ	ㅍ	ㅎ	ㄲ	ㄸ	ㅃ	ㅆ	ㅉ
名	키읔	티읕	피읖	히읗	쌍기역	쌍디귿	쌍비읍	쌍시옷	쌍지읒
音	k	t	p	h	ʔk	ʔt	ʔp	ʔs	ʔʤ

② 母音字母 21個

字	아	야	어	여	오	요	우	유	으	이
音	a	ya	ɔ	yɔ	o	yo	u	yu	ɯ	i

字	애	애	에	예	와	왜	외	워	웨	위	의
音	ɛ	ye	e	ye	wa	we	we	wo	we	wi	ɰi

　上記のハングル表を見れば分かるように、ハングルの子音字母と母音字母は順序があります。ハングルの学習において、一般的に母音と子音は字母順で習いますが、本書では母音の学習においては、字母順ではなく日本語母語話者が習いやすい順に分けて習います。子音の学習においても、字母順ではなく、覚えやすい発音の子音から習います。

3．ハングルの文字構成

　ハングルは音素文字ですが、アルファベットのように横並びではなく、必ず子音と母音を組み合わせて文字の形を作ります。その文字構成には2つのパターンがあります。
・パターン1＝子音＋母音＝1文字、
・パターン2＝子音＋母音＋子音＝1文字

① 나라（国）

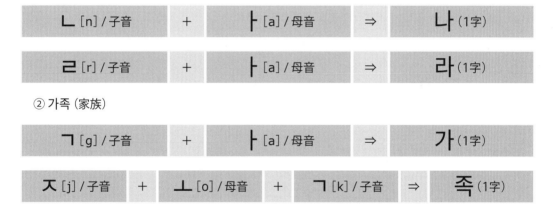

| ㄴ [n] / 子音 | + | ㅏ [a] / 母音 | ⇒ | 나（1字） |
| ㄹ [r] / 子音 | + | ㅏ [a] / 母音 | ⇒ | 라（1字） |

② 가족（家族）

| ㄱ [g] / 子音 | + | ㅏ [a] / 母音 | | ⇒ | 가（1字） |
| ㅈ [j] / 子音 | + | ㅗ [o] / 母音 | + ㄱ [k] / 子音 | ⇒ | 족（1字） |

　子音はそれぞれの名称があります。同じ子音でも位置によって発音が変わる場合があります。「ㄱ, ㄷ, ㅂ, ㅈ」が音節の初めにくる場合、弱い [k, t, p, ch] のように発音します。「ㄹ」は初声の時は [r]、終声の時は [l] の発音に似ていますが、初声の場合は舌が軽く口蓋に触れ、終声の場合は舌が口蓋の前方につきます。
　文字の最初の子音を「初声」、母音を「中声」、最後の子音を「終声」と言います。また終声や終声字母のことを「バッチム（받침）」とも言います。

4．韓国語とは？

　朝鮮半島に住んでいる人々が母語として使っている言語を韓国語と言います。日本では、朝鮮語、韓

国語、コリア語などと呼ばれていますが本書では韓国語と称します。現在、韓国語の話者は朝鮮半島を中心に世界に約7600万人以上で、フランス語やイタリア語より多いと言われています。

① 語順

韓国語は日本語と統語的に類似しているので、文の語順はほぼ同じです。名詞には助詞がつき、動詞・形容詞には語尾がつきます。

저는	대학에서	한국어를	배웁니다.
私は	大学で	韓国語を	習います。
名詞＋助詞	名詞＋助詞	名詞＋助詞	動詞（語尾）

② 発音学習Point

ハングルは同じ子音でも、一字目にくる時と、二字目にくる時の発音が異なることがあります。それは一字目の初声には無声音がくる、つまり濁らないというルールがあるからです。その対象になる子音が「ㄱ, ㄷ, ㅂ, ㅈ」です。例えば、以前は韓国の都市の「釜山（부산）」を、初声には無声音がくるというルールに従って、「Pusan」と英文表記をしました。しかし、従来の英文表記は子音字母の「ㄱ, ㄷ, ㅂ, ㅈ」と「ㅋ, ㅌ, ㅍ, ㅊ」の区別がし難く、韓国語母語話者にとって受入れ難いものでした。そのような事情から2000年に韓国の文化観光部が韓国語の標準発音に従って改定することになりました。今の韓国語の英文表記は、その時に改定されたものです。この改定によって、今の「釜山（부산）」の英文表記は「Pusan」ではなく、「Busan」になりました。もう一つの例として、2018年に冬季オリンピックが開催された平晶（평창）を挙げることができます。「平晶（평창）」を英文表記すると、「PyeongChang」になります。「ㅂ」は「B」と表記する一方、「ㅍ」を「P」と表記することにしたのです。したがって、「釜山（부산）」を「Busan」に、平晶（평창）を「PyeongChang」という表記になりました。。

現在韓国では「ㄱ, ㄷ, ㅂ, ㅈ」を「g, d, b, j」のように英文表記するので、本書もそれに従います。ただし、実際の発音においては、韓国語は単語の初声には無声音がくるというルールがあるので、「ㄱ, ㄷ, ㅂ, ㅈ」が一字目にくる時は弱い「k, t, p, ch」、つまり濁らないように発音します。この発音が最も韓国語母語話者に近い発音です。多少ややこしく思うかもしれませんが、理屈を理解して慣れていけばそれほど戸惑うことはありません。

なお、本書では、大韓民国の標準語の文法や発音に基づいて学習をします。

▶ 知ってますか？ ◀

世界で人気を集めているK-POPのグループ「BTS」は韓国語名「방탄소년단 BangTan Sonyeondan（防弾少年団）」のイニシャルです。韓国語のPとBの発音の区別が早くできるように頑張りましょう！

母音字1

　韓国語の母音字は全部で21個あります。ここでは、まず日本語の母音に相当する8個の母音を学びます。発音記号を見ながら読んでみましょう。

🔊 002

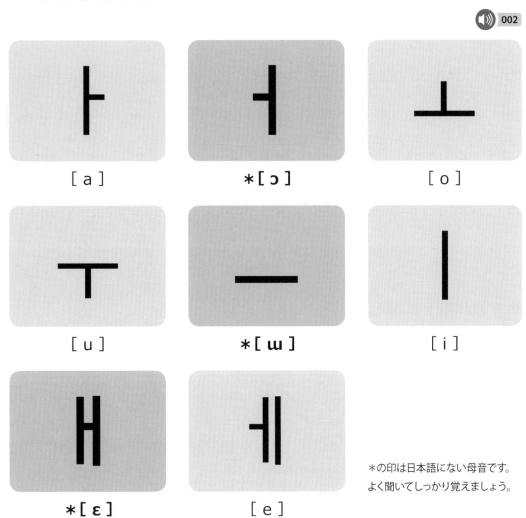

├ [a]	┤ *[ɔ]	┴ [o]

[a]　　　*[ɔ]　　　[o]

[u]　　　*[ɯ]　　　[i]

*[ɛ]　　　[e]

＊の印は日本語にない母音です。
よく聞いてしっかり覚えましょう。

◉ **文字を書いてみましょう。**

　ハングルのしくみ (音節構造) は、①子音字＋母音字、②子音字＋母音字＋子音字で、初めに現れる子音字を初声、次の母音字を中声、再度現れる子音字を終声、またはパッチムといいます。ハングルのしくみの規則により、母音字母だけでは文字を構成できないので子音字母の「ㅇ(이응)」を用います。「ㅇ」は初声になる時は音がないので、「ㅏ」と「아」の発音は同じです。

아 [a]	어 [ɔ]	오 [o]	우 [u]	으 [ɯ]	이 [i]	애 [ɛ]	에 [e]
아	어	오	우	으	이	애	에

◉ 日本語の母音字との比較

あ	い	う	え	お
아	이	우	에	오
		으	애	어

＊現在「에」と「애」の発音の区別はほとんどなく、日本語の「え」と同じ発音で構いません。

＊初声の位置は下記のように母音字の形によって決まります。

　①「ㅏ, ㅓ, ㅣ, ㅐ, ㅔ」のような縦棒のある母音字の左側に書きます。

　②「ㅗ, ㅜ, ㅡ」のような横棒のある母音字の上に書きます。

● 次の単語を発音しながら書いてみましょう。 003

아이 子ども	이 歯・2・この	오이 キュウリ	우아 優雅	에이 A

プチ会話 인사 挨拶

 004

안녕하세요?	こんにちは。	안녕?	こんにちは。
네, 안녕하세요?	はい、こんにちは。	안녕?	こんにちは。
안녕히 가세요.	さようなら。 (去る人に対して)	잘 가.	またね。（バイバイ） (去る人に対して)
안녕히 계세요.	さようなら。 (残る人に対して)	잘 있어.	またね。（バイバイ） (残る人に対して)

第2課

子音字1

　子音は息の出し方によって平音、激音、濃音に分けられます。ここでは、平音の中でも鼻音「ㄴ, ㅁ, ㅇ」と流音「ㄹ」を学びましょう。

平音	ㄱ ㄴ ㄷ ㄹ ㅁ ㅂ ㅅ ㅇ ㅈ	普通の息を出す
激音	ㅋ ㅌ ㅍ ㅊ *ㅎ	激しい息を出す
濃音	ㄲ ㄸ ㅃ ㅆ ㅉ	息を出さない

*この本では学習の便宜上「ㅎ(히읗)」は激音に含めますが、音声学では平音（摩擦音）に分類されます。

2-1 平音1（初声）

　次の子音字の発音を覚えましょう。

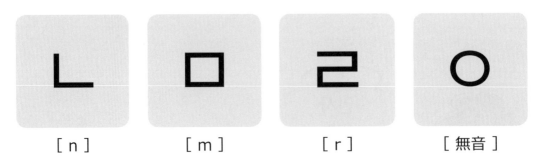

ㄴ	ㅁ	ㄹ	ㅇ
[n]	[m]	[r]	[無音]

◉ 文字を書いてみましょう。

	ㅏ	ㅓ	ㅗ	ㅜ	ㅡ	ㅣ	ㅐ	ㅔ
ㄴ								
ㅁ								
ㄹ								
ㅇ								

◉ 次の単語を発音しながら書きましょう。　 005

노래 歌			
누나 姉 （弟からみた）			
머리 頭			
나라 国			
어머니 母			
나무 木			
나 わたし			
네 はい			

子音の終声をバッチムともいいます。バッチムは韓国語で「下敷き」「支え」という意味で、その名の通り文字の一番下に位置します。

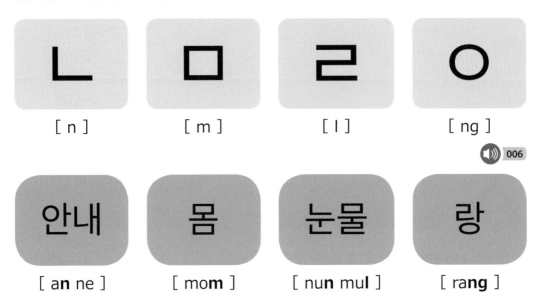

日本語は「ん」がつく言葉以外は母音で終わるので、日本語母語話者にとって韓国語のバッチム（終声）は、今までとは少し異なる発音構造の学習になると思います。さらに鼻音の「ㄴ/n」、「ㅁ/m」、「ㅇ/ng」の発音について、日本人学習者は日本語の「ん」の発音に当てはめる傾向があるので、発音をよく聞いて繰り返して練習しましょう。

韓国語の終声の「ㄴ/n」、「ㅁ/m」、「ㅇ/ng」の発音に類似する日本語の「ん」の発音を取り上げてみます。

◉ 日本語「ん」の発音との対比

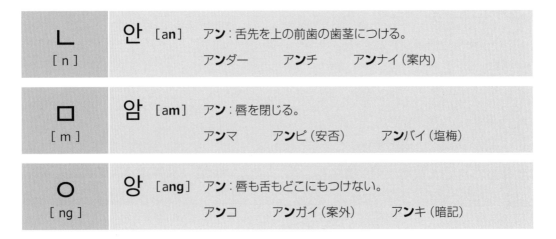

몸 体				
남 他人				
안내 案内				
눈 目·雪				
날 日にち				
엄마 ママ				
만남 出会い				
문 ドア				
노랑 黄色				
언니 姉 （妹からみた）				

プチ会話

일본 사람이에요.
日本人です。

 008

일본 사람이에요?	日本人ですか。
네, 일본 사람이에요.	はい、日本人です。
저는 한국 사람이에요.	私は韓国人です。

母音字2

8個の母音字のうち「ㅣ」を除いた「ㅏ, ㅓ, ㅗ, ㅜ, ㅡ, ㅐ, ㅔ」のそれぞれに「ㅣ」を足してみると「ㅑ, ㅕ, ㅛ, ㅠ, ㅢ, ㅒ, ㅖ」になります。、母音字「ㅢ」以外は、第1課で覚えた母音字に［y］を足した発音になります。発音記号を見ながら読んでみましょう。

🔊 009

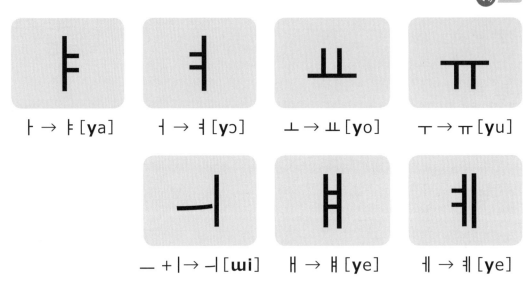

ㅏ → ㅑ［ya］　　ㅓ → ㅕ［yɔ］　　ㅗ → ㅛ［yo］　　ㅜ → ㅠ［yu］

ㅡ + ㅣ → ㅢ［ɯi］　　ㅐ → ㅒ［ye］　　ㅔ → ㅖ［ye］

＊「ㅒ」「ㅖ」の発音は元来同じではありませんが、現在はほぼ同じように発音します。

＊「ㅢ」は、子音と結合した時、語中や語末にくる時は［i］と発音します。また、助詞「ーの」として使われる時は［e］と発音します。

例　① 語頭：［ɯi］**의사**（医師）

　　② 語中や語末、子音を伴う場合：［i］**유의**（留意）、**희다**（白い）

　　③ 助詞：［e］**우리의**（私たちの）

◉ 文字を書いてみましょう。

야	여	요	유	의	애	예

◉ 次の単語を発音しながら書きましょう。 010

우유 牛乳				
여우 狐				
요리 料理				
의미 意味				
여름 夏				
예의 礼儀				
메뉴 メニュー				
냉면 冷麺				

プチ会話　자기소개 自己紹介

011

안녕하세요?	こんにちは。	반가워요.	（会えて）嬉しいです。
저는 유나예요.	私はユナです。	대학생이에요.	大学生です。

第4課

子音字2

4-1 平音2（初声）

　次の子音字は平音です。平音の中でも次の子音字「ㄱ, ㄷ, ㅂ, ㅈ」は一字目にくる時と、二字目にくる時の発音が少し違うので気を付けて覚えましょう。

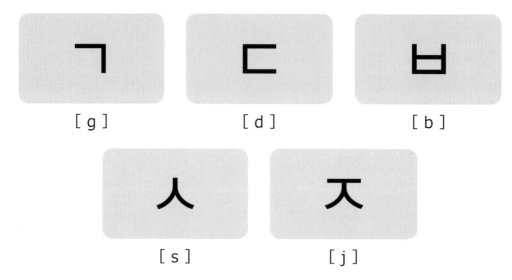

ㄱ	ㄷ	ㅂ
[g]	[d]	[b]

ㅅ	ㅈ
[s]	[j]

　初声の時の平音「ㄱ, ㄷ, ㅂ, ㅈ」は、一字目にくる時は弱い [k、t、p、ch] の発音で、二字目にくる時は日本語の濁音に近い「g、d、b、j」の発音になります。終声（バッチム）の時は、日本語の清音に近いㄱ→[k]、ㄷ→[t]、ㅂ→[p]、ㅈ→[t] の発音になるので注意してください。

◉ **文字を書いてみましょう。**

	ㅏ	ㅓ	ㅗ	ㅜ	ㅡ	ㅣ	ㅐ	ㅔ
ㄱ	가			구				
ㄷ								
ㅂ								
ㅅ								
ㅈ								

● 次の単語を発音しながら書きましょう。　🔊 012

가수 歌手				
바다 海				
교수 教授				
개 犬				
발 足				
순두부 スンドゥブ				
아버지 父				
선생님 先生				
고양이 ねこ				
주스 ジュース				
교실 教室				
여자 女性				
겨울 冬				
야구 野球				

　次の子音字は激音です。激音は息を強く吐きながら発音します。発音記号を見ながら発音してみましょう。

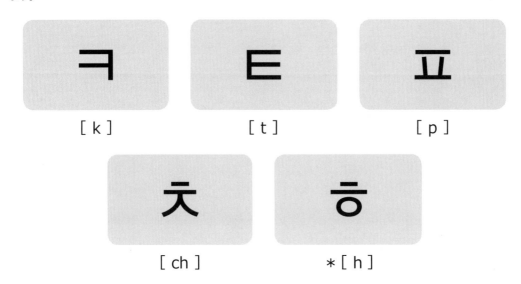

ㅋ　　　　ㅌ　　　　ㅍ
[k]　　　[t]　　　[p]

ㅊ　　　　ㅎ
[ch]　　　＊[h]

＊この本では学習の便宜上「ㅎ(히읗)」は激音に含めますが、音声学では平音 (摩擦音) です。

◉ **文字を書いてみましょう。**

	ㅏ	ㅓ	ㅗ	ㅜ	ㅡ	ㅣ	ㅐ	ㅔ
ㅋ								
ㅌ								
ㅍ								
ㅊ								
ㅎ								

● 次の単語を発音しながら書きましょう。

테이블 テーブル			
커피 コーヒー			
패스포트 パスポート			
친구 友達			
하늘 空			
토마토 トマト			
형 兄 (弟からみた)			
카드 カード			
코 鼻			
파도 波			
치마 スカート			

プチ会話

있어요.
います、あります。

014

수업 있어요?	授業ありますか。
네, 한국어 수업이 있어요.	はい、韓国語の授業があります。
저는 없어요.	私はありません。

バッチム（받침）

◉ バッチム（終声）の発音

子音はバッチムとして使われますが、その発音は7つです。バッチムとして使われる子音字は、次の通りです。

	発音	バッチム	
		1字母バッチム（16）	2字母バッチム（11）
ㄱ	[k]	ㄱ ㅋ ㄲ	ㄳ ㄺ
ㄴ	[n]	ㄴ	ㄵ ㄶ
ㄷ	[t]	ㄷ ㅌ ㅅ ㅆ ㅈ ㅊ ㅎ	
ㄹ	[l]	ㄹ	ㄼ ㄽ ㄾ ㅀ
ㅁ	[m]	ㅁ	*ㄻ
ㅂ	[p]	ㅂ ㅍ	ㅄ *ㄿ
ㅇ	[ng]	ㅇ	

＊2字母バッチムは、子音の順（ㄱ, ㄴ, ㄷ, ㄹ…）のように早いほうの字母を発音しますが、「ㄻ」、「ㄿ」についてはそうではない場合があるので注意して下さい。

◉ 文字を発音してみましょう。

015

ㄱ [k]	약	국	밖	닭	부엌	몫
ㄴ [n]	손	돈	앉	않	우산	신문
ㄷ [t]	곧	볕	옷	낮	돛	닿
ㄹ [l]	물	싫	곬	덟	핥	

ㅁ [m]	감	몸	넘	삶	김치
ㅂ [p]	집	앞	옆	값	읊
ㅇ [ng]	강	방	형	엉엉	

◉ 次の単語を発音しながら書きましょう。　🔊 016

부엌 台所				
밑 下、底				
좋다 良い				
잎 葉っぱ				
옆 横、傍ら、そば				
넣다 入れる				
앞 前				
밭 畑				
팥 小豆				
몇 개 何個				

＊「좋다」・「넣다」の発音については p.31 の激音化参照

◉ 日本語の「っ」の発音との対比

バッチムの発音の中の「ㄱ/k」、「ㄷ/t」、「ㅂ/p」は、日本語の促音「っ」に似ています。この促音も次にくる文字によって舌の位置や口の開閉などが異なりますので、韓国語のバッチムと比べてみましょう。

ㄱ [k]	악 [ak] アッ：声帯から出てくる空気を舌の根で詰まらせる。 (*악, 앜, 앆 [ak]) 次に「カ行」の文字を発音する時の「っ」 アッカ（悪化）　　ガッカリ
ㄷ [t]	앋 [at] アッ：舌先を前歯の歯茎あたりにくっ付ける。 (*앋, 앝, 앗, 앚, 앛, 앟 [at]) 次に「タ行」の文字を発音する時の「っ」 あった　　ぴったり
ㅂ [p]	압 [ap] アッ：唇を閉じる。 (*압, 앞 [ap]) 次に「ぱ行」の文字を発音する時の「っ」 アッパレ　　さっぱり

좋아해요.
好きです。

🔊 017

노래 좋아해요?	歌好きですか。
네, 좋아해요. K-POP(케이팝) 좋아해요.	はい、好きです。K-POP 好きです。
아, 그래요?　나도 좋아해요.	そうですか。私も好きです。

母音字3

次の母音字を読んでみましょう。

🔊 018

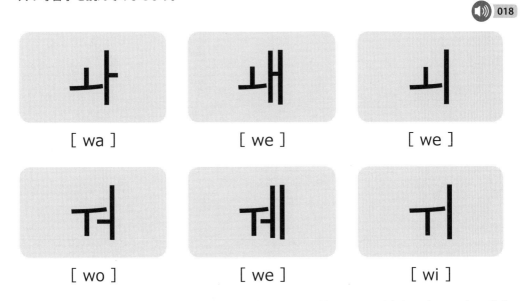

[wa]	[we]	[we]
[wo]	[we]	[wi]

＊「ㅙ, ㅚ, ㅞ」の発音は本来同一ではありませんが、現在では韓国語母語話者も正確に区別して発音することはほとんどないので日本語の［ウェ］の発音で通じます。

◉ **文字を書いてみましょう。**

와	왜	외	워	웨	위

● 次の単語を発音しながら書きましょう。 019

과자 菓子				
왜 なぜ				
회사 会社				
웨딩 ウェディング				
원 ウォン				
위 上				
사과 リンゴ				
고마워 ありがとう				
외식 外食				
가위 はさみ				

プチ会話

마시고 싶어요.
飲みたいです。

 020

뭐 마시고 싶어요?　　　　　　何が飲みたいですか。

물 마시고 싶어요.　　　　　　お水飲みたいです。
[카푸치노：カプチーノ]

저는 주스 마시고 싶어요.　　　私はジュース飲みたいです。
[카페라테：カフェラテ]

◆ スピードゲーム　クラスでチャレンジ！◆

☆先生が読んだ単語を〇で囲みましょう。最も正確で速い人は誰でしょう！

사과　카페　회사　가위
외식

치마
커피　파도　대학
쿠키

어디　과일
교수　여자　지구　나라

투수　구두　가족　순두부
메뉴　노래

버스　위　왜
엄마　휴지

물　앞　부엌
야구
의미

하늘　영어　밑
선생님　냉면

第7課

子音字3

7-1 濃音（初声）

　次の子音字は濃音です。濃音の発音は日本語の「っ」を発音するように声帯を詰まらせて発音します。

　例えば、「ㄲ」は声帯を詰まらせて［k］の音を「っか」のように発音します。同じく「ㄸ」は声帯を詰まらせて［t］の音を「った」のように発音します。なお、濃音は息を強く出さない方がよりきれいな発音になります。その点を注意してください。では、次の濃音を発音してみましょう。

ㄲ	ㄸ	ㅃ
［ˀk］	［ˀt］	［ˀp］

ㅆ	ㅉ
［ˀs］	［ˀʧ］

▶◀ 平音・激音・濃音の練習 ▶◀

◉ 文字を書いてみましょう。

ㄱ	가	가	ㅋ	카	카	ㄲ	까	까
ㄷ	다		ㅌ	타		ㄸ	따	
ㅂ	바		ㅍ	파		ㅃ	빠	
ㅅ	사					ㅆ	싸	
ㅈ	자		ㅊ	차		ㅉ	짜	

◉ 発音を確認しながら単語を覚えましょう。

구두 (くつ)	도로 (道路)	바나나 (バナナ)	사요 (買います)	지도 (地図)
쿠키 (クッキー)	토스트 (トースト)	파도 (波)		치킨 (チキン)
꾸러미 (包み)	또 (また)	빠이빠이 (バイバイ)	싸요 (安いです)	찌개 (チゲ)

◉ 次の単語を発音しながら書きましょう。

토끼 うさぎ				
또 また				
까지 まで				
빨래 洗濯				
뽀로로 ポロロ (アニメ のキャラクター)				
쌀 米				
짜장면 ジャージャー麺				
꼬리 しっぽ				
딸기 いちご				
쓰레기 ごみ				

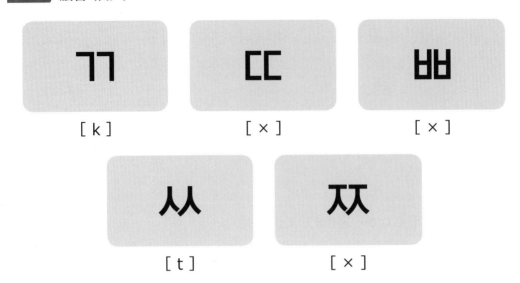

7-2 濃音（終声）

ㄲ [k]　**ㄸ** [×]　**ㅃ** [×]

ㅆ [t]　**ㅉ** [×]

＊濃音「ㄸ, ㅃ, ㅉ」はバッチム（終声）としては使えません。

◉ 次の単語を発音しながら書きましょう。　023

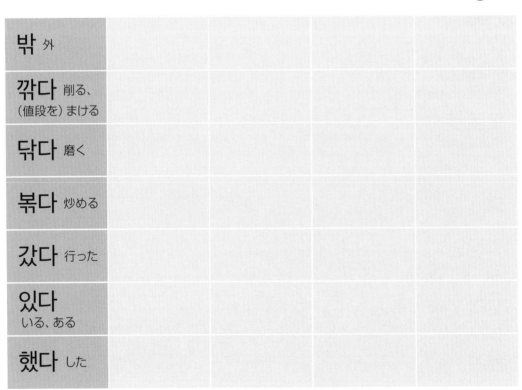

밖 外				
깎다 削る、（値段を）まける				
닦다 磨く				
볶다 炒める				
갔다 行った				
있다 いる、ある				
했다 した				

7-3 日本語のハングル表記

次は日本語のハングル表記です。読んでみましょう。

日本語	ハングル	
	一字目	二字目以降
ア イ ウ エ オ	아 이 우 에 오	아 이 우 에 오
カ キ ク ケ コ	가 기 구 게 고	카 키 쿠 케 코
サ シ ス セ ソ	사 시 스 세 소	사 시 스 세 소
タ チ ツ テ ト	다 지 쓰 데 도	타 치 쓰 테 토
ナ ニ ヌ ネ ノ	나 니 누 네 노	나 니 누 네 노
ハ ヒ フ ヘ ホ	하 히 후 헤 호	하 히 후 헤 호
マ ミ ム メ モ	마 미 무 메 모	마 미 무 메 모
ヤ ユ ヨ	야 유 요	야 유 요
ラ リ ル レ ロ	라 리 루 레 로	라 리 루 레 로
ワ ヲ	와 오	와 오
ン		ㄴ
ガ ギ グ ゲ ゴ	가 기 구 게 고	가 기 구 게 고
ザ ジ ズ ゼ ゾ	자 지 즈 제 조	자 지 즈 제 조
ダ ヂ ヅ デ ド	다 지 즈 데 도	다 지 즈 데 도
バ ビ ブ ベ ボ	바 비 부 베 보	바 비 부 베 보
パ ピ プ ペ ポ	파 피 푸 페 포	파 피 푸 페 포
キャ キュ キョ	갸 규 교	캬 큐 쿄
ギャ ギュ ギョ	갸 규 교	갸 규 교
シャ シュ ショ	샤 슈 쇼	샤 슈 쇼
ジャ ジュ ジョ	자 주 조	자 주 조
チャ チュ チョ	자 주 조	차 추 초
ニャ ニュ ニョ	냐 뉴 뇨	냐 뉴 뇨
ヒャ ヒュ ヒョ	햐 휴 효	햐 휴 효
ビャ ビュ ビョ	뱌 뷰 뵤	뱌 뷰 뵤
ピャ ピュ ピョ	퍄 퓨 표	퍄 퓨 표
ミャ ミュ ミョ	먀 뮤 묘	먀 뮤 묘
リャ リュ リョ	랴 류 료	랴 류 료

＊ハングル表記において次を注意しましょう。

1) 長音は表記しません。

   例 大阪 오사카

2)「ン」はバッチムの「ㄴ」

   例 心斎橋 신사이바시

3) 促音の「ッ」はバッチムの「ㅅ」

   例 札幌 삿포로

4) 清音「か行」と「た行」は一字目の時は「平音」で、二字目以降の時は「激音」で表記します。

   例 金閣寺 긴카쿠지

5) 濁音は、すべて平音で表記します。

   例 銀閣寺 긴카쿠지

와, 예뻐요.
わあ、かわいいです。

プチ会話

이거 어때요?	これどうですか。
와, 예뻐요.	わあ、かわいいです。
선물이에요.	プレゼントです。
정말요? 고마워요.	本当ですか。ありがとうございます。

知っておこう。

8-1 教室でよく使う表現

教室でよく使う表現なので覚えましょう。 🔊 025

안녕하세요?	こんにちは。
앉으세요.	座ってください。
책을 보세요.	本を見てください。
들으세요.	聞いてください。
읽으세요.	読んでください。
~씨	~さん
질문 있어요?	質問ありますか。
네, 있어요.	はい、あります。
아뇨, 없어요.	いいえ、ありません。
따라 하세요.	後についてやってください。
알겠어요?	わかりますか。
모르겠어요.	わかりません。
수고하셨습니다.	お疲れ様でした。
오늘은 여기까지 하겠습니다.	今日はここまでにします。
안녕히 가세요/계세요.	さようなら。

8-2 分かち書き（띄어쓰기）

저는	대학교에서	한국어를	공부해요	.
私は	大学で	韓国語を	勉強します	。

> 分かち書きとは、単語と単語の間の空白を意味します。

全ての単語は分かち書きをすることが基本で、例外の規定もあるので気を付けて覚えましょう。
ここでは、主な分かち書きのルールについて勉強しましょう。

（1）助詞は分かち書きをしない。（前の名詞に付けて書く）。

（2）単位を表す名詞は分かち書きをする。

（3）不完全名詞は分かち書きをする。

（4）補助用言は分かち書きをする。

（5）姓と名は分かち書きをしない。

　　　（氏名の後に付く敬称は分かち書きをする）。

　　　外国人の場合、原語の分かち書きに従うので、原則として名字と名前を分かち書きで表記する。

　　　'－' がある名字は '－' は表記しない。

　　　例）① 鈴木真由 ⇒ 스즈키 마유

　　　　　② Rimskii-Korsakov, Nicolai Andreevich ⇒ 림스키코르사코프　니콜라이안드레비치

日本語は分かち書きしないので、テキストを見ながら韓国語の分かち書きの規則を覚えましょう。

8-3 発音規則（발음 규칙）

　韓国語では、表記された文字と実際の発音が異なる場合があります。ここでは、主な発音規則について勉強しましょう。表記上のつづりはそのままで、発音のみ変化をするので、実際の発音は［　　］の中に表すことにします。

1．連音化

> 　バッチム（終声）の次に母音が続く場合、そのバッチムは次の音節の初声として発音されます。
> それを「連音化」といいます。
> ＊初声の［ㅇ（이응）］は音がないので、母音字母と同じ発音の［아/어/우/으…］などを母音といいます。

① バッチムが1字母の場合

책이 ⇒ [채기]

옷은 ⇒ [오슨]

＊「ㅎ」の場合：「ㅎ」は発音しません。　　＊「ㅇ」の場合：「ㅇ」は連音しません。

좋아 ⇒ [조아]　　　　　　　종이 ⇒ [종이]

② バッチムが2字母の場合

2字母のバッチムのうち、後の字母は次の音節に移ります。この時、残る前の字母はバッチムとして発音されます。

앉아 ⇒ [안자]

닭이 ⇒ [달기]

＊「ㅎ」の場合：「ㅎ」は発音しないので、残る前の子音が連音されます。

싫어 ⇒ [시러]

③ バッチム「ㄷ」、「ㅌ」の場合（口蓋音化）

「ㄷ」、「ㅌ」の後に「이」がくるときは、そのまま連音をせず、[지]、[치] と発音します。

굳이 ⇒ [구지]　　[구디]（×）

같이 ⇒ [가치]　　[가티]（×）

2. 激音化

> バッチム「ㄱ」、「ㄷ」、「ㅂ」の後に「ㅎ」が続く時やバッチム「ㅎ」の後に「ㄱ」、「ㄷ」、「ㅂ」、「ㅈ」が続く時に実際の発音が1つの激音に変わります。

① バッチム「ㄱ」、「ㄷ」、「ㅂ」＋「ㅎ」 → [ㅋ]、[ㅌ]、[ㅍ]

축하　　　⇒ ㄱ＋ㅎ　　⇒ ㅋ [추카]

따뜻해요 ⇒ ㅅ[ㄷ]＋ㅎ ⇒ ㅌ [따뜨태요]

입학　　　⇒ ㅂ＋ㅎ　　⇒ ㅍ [이팍]

② バッチム「ㅎ」＋「ㄱ」、「ㄷ」、「ㅂ」、「ㅈ」 → [ㅋ]、[ㅌ]、[ㅍ]、[ㅊ]

어떻게 ⇒ ㅎ＋ㄱ　　⇒ ㅋ [어떠케]

좋다　　⇒ ㅎ＋ㄷ　　⇒ ㅌ [조타]

많지　　⇒ ㅎ＋ㅈ　　⇒ ㅊ [만치]

3. 濃音化

> バッチム「ㄱ」、「ㄷ」、「ㅂ」の後に「ㄱ」、「ㄷ」、「ㅂ」、「ㅅ」、「ㅈ」が続く時に実際の発音が濃音 [ㄲ]、[ㄸ]、[ㅃ]、[ㅆ]、[ㅉ] に変わります。

バッチム「ㄱ」、「ㄷ」、「ㅂ」+「ㄱ」、「ㄷ」、「ㅂ」、「ㅅ」、「ㅈ」

→ [ㄲ]、[ㄸ]、[ㅃ]、[ㅆ]、[ㅉ]

학교　　⇒ ㄱ＋ㄱ ⇒ ㄲ [학꾜]
돋보기　⇒ ㄷ＋ㅂ ⇒ ㅃ [돋뽀기]
십자가　⇒ ㅂ＋ㅈ ⇒ ㅉ [십짜가]

4．鼻音化

 029

バッチム「ㄱ」、「ㄷ」、「ㅂ」の後に鼻音「ㄴ」、「ㅁ」が続く時にバッチムの実際の発音が鼻音 [ㅇ]、[ㄴ]、[ㅁ] に変わります。

작년　　⇒ ㄱ＋ㄴ ⇒ ㅇ [장년]
받는　　⇒ ㄷ＋ㄴ ⇒ ㄴ [반는]
입니다　⇒ ㅂ＋ㄴ ⇒ ㅁ [임니다]

5．流音化

 030

バッチム「ㄴ」の後に「ㄹ」が続く時、もしくはバッチム「ㄹ」の後に「ㄴ」が続く時、実際の発音はどちらも [ㄹ] に変わります。

편리　　⇒ ㄴ＋ㄹ ⇒ ㄹ [펄리]
설날　　⇒ ㄹ＋ㄴ ⇒ ㄹ [설랄]

6．「ㅎ」弱音化

 031

バッチム「ㄴ」、「ㅁ」、「ㅇ」、「ㄹ」の後に「ㅎ」が続く時、「ㅎ」は弱くなり「ㅇ」のようになるので、実際の発音はバッチムが連音されます。

전화　　⇒ ㄴ＋ㅎ ⇒ [저놔]
삼호선　⇒ ㅁ＋ㅎ ⇒ [사모선]
결혼　　⇒ ㄹ＋ㅎ ⇒ [겨론]
안녕히　⇒ ㅇ＋ㅎ ⇒ [안녕이]

Ⅱ
話してみよう！

안녕하세요?

こんにちは。

회화 (会話)

[인천공항에서 (仁川空港で)]
リエの友達のスジが、ユナを連れて空港まで迎えに来ました。

이수지 리에 씨! 여기예요.

리에 수지 씨, 안녕하세요? 오랜만이에요.

이수지 네, 진짜 오랜만이에요. 이쪽은 제 친구예요.

김유나 안녕하세요? 김유나예요. 반가워요.

리에 안녕하세요?

저는 스즈키 리에라고 해요.

잘 부탁합니다.

단어 (単語)

-씨	～さん	여기	ここ (こちら)
오랜만이에요	久しぶりです。	진짜	本当、本当に　主に会話で用いる
이쪽	こちら	제	私の
친구	友達	반가워요	(お会いできて) 嬉しいです。 基本形 반갑다
저는	私は　저:나 (私) の謙遜語	-(이)라고 해요	ーといいます、申します。 自己紹介のときによく使う表現
잘	よく、よろしく	부탁합니다	お願いします　基本形 부탁하다

발음
(発音)　・-예요 [-**에**요]　　・이쪽은 [이**쪼근**]　　・-만이에요 [-**마니**에요]
・부탁합니다 [부**타캄**니다]

문법（文法）

1-1 丁寧語尾 「-이에요/-예요 （-です）」

「-이에요/-예요」は、名詞について日本語の「－です」のような役割をします。「-이에요」は終声が子音で終わる名詞で、「-예요」は終声が母音で終わる名詞に用います。平叙文と疑問文の形が同じなので、疑問文の場合は文末のイントネーションを上げます。「-이에요/-예요」の原型は指定詞の「-이다 （－である)」です。

❶「－です」（平叙形）　　 034

| 名詞 （終声が子音の場合=バッチムあり） + **이에요**. |

例　① 물**이에요**.　水です。
　　② 선생님**이에요**.　先生です。

| 名詞 （終声が母音の場合=バッチムなし） + **예요**. |

例　① 버스**예요**.　バスです。
　　② 우리 어머니**예요**.　私の母です。

❷「－ですか」（疑問形）　　035

| 名詞 （終声が子音の場合） + **이에요?** |

例　① 편의점**이에요?**　コンビニエンスストアですか?
　　② 남동생**이에요?**　弟ですか?

| 名詞 （終声が母音の場合） + **예요?** |

例　① 언니**예요?**　姉ですか?
　　② 교토**예요?**　京都ですか?

1−2 助詞「-은/-는 (−は)」

「-은/-는」は、日本語の「−は」に当たる助詞です。

> **-은/-는**
> 名詞の終声が子音の場合 = バッチムあり → 은
> 名詞の終声が母音の場合 = バッチムなし → 는

○下線部の単語を入れ替えてみましょう。

例 ① 저는 한국 사람이에요.　　　　　 036
　　　私は韓国人です。

② 형은 의사예요.
　　兄は医師です。

単語

저 사람 あの人　여동생 妹　오빠 兄　할머니 祖母　할아버지 祖父　선생님 先生　친구 友達

일본 日本　영국 イギリス　독일 ドイツ　미국 米国　중국 中国　베트남 ベトナム　태국 タイ

간호사 看護師　교수 教授　회사원 会社員　대학생 大学生　주부 主婦　경찰 警察　배우 俳優

연습 (練習)

練習1　「-이에요」または「-예요」を入れてみましょう。

① 편의점(　　　　　　)　　　　コンビニです。

② 물(　　　　　)　　　　水です。

③ 옥수수차(　　　　　　)　　トウモロコシ茶です。

④ 어머니(　　　　　　)　　　母です。

練習2　「-은」または「-는」を入れてみましょう。

① 리에 씨(　　　　　)　　　リエさんは

② 아버지(　　　　　)　　　父は

③ 대학교(　　　　　)　　　大学は　　＊大学は韓国語では대학교 (漢字は「大學校」) と言います。

④ 서울(　　　　　)　　　　　ソウルは

練習3　次の文を日本語で書いてみましょう。

① 이쪽은 친구예요.

....

② 여기는 공항이에요.

....

③ 잘 부탁합니다.

....

練習4　次の文を韓国語で書いてみましょう。

① 本当にお久しぶりです。

....

② 私は山本マリと申します。

....

③ ここはソウルです。

....

表현 응용（表現応用）　本課で覚えた表現を応用してみましょう！

 次の状況に合わせて役割を決め、友達と話してみましょう。

状況
私は初めて金浦空港 (김포공항) に到着しました。友達のミンジュン (민준) さんが迎えに来てくれました。ミンジュンさんに友達のソグ (석우) さんを紹介されました。

이게 뭐예요?

これは何ですか。

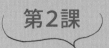

회화 (会話)

[편의점에서 (コンビニで)]

 037

리에	저기요! 물 어디 있어요?
점원	여기 있어요.
리에	근데, 이게 뭐예요?
점원	옥수수차예요.
리에	음…, 그냥 이 물만 주세요.
점원	네, 감사합니다.

단어 (単語)

편의점	コンビニエンスストア	저기요!	すみません！ 人を呼びかける時に用います。
물	水	어디	どこ、どこに
있어요(?)	います (か) / あります (か) 基本形 있다	근데	ところで　그런데の省略形
이게	これが　이것이 (これが) の省略形	뭐예요?	何ですか　뭐：무엇 (何) の省略形
옥수수차	トウモロコシ茶　옥수수：トウモロコシ　차：お茶　＊トウモロコシ茶はコーン茶ともいう。		
그냥	ただ	-만	−だけ、のみ
주세요	ください　基本形 주다	감사합니다	ありがとうございます 基本形 감사하다

 038

발음 (発音)　　・있어요[**이쎄**요]　　・편의점 [**퍼니**점]　　・감사합니다 [감사**함**니다]

문법（文法）

2-1 指示詞 「이, 그, 저」

ここでは、「この」「その」「あの」と「これ」「それ」「あれ」に当たる表現を学びます。

	이 この	그 その	저 あの
例	이 책 この本	그 사람 その人	저 나무 あの木

이것 これ	그것 それ	저것 あれ

指示代名詞+が	이것이	그것이	저것이
省略形	이게	그게	저게

例 ① **그게** 뭐예요?
　　　それは何ですか。（本来「그게」は「그것이」）

🔊 039

　　② **이건** 제 안경이에요.
　　　これは私の眼鏡です。

＊参考

이것은 これは → 이건 （省略形）	여기는 ここは → 여긴 （省略形）
그것은 それは → 그건 （省略形）	거기는 そこは → 거긴 （省略形）
저것은 あれは → 저건 （省略形）	저기는 あそこは → 저긴 （省略形）

省略形	무엇을 （何を） ⇒	뭘 （何を）

会話では省略形を用いることが多いです。

2-2 助詞「-이/-가 (-が)」

① 助詞「-이/-가 (-が)」

「-이/-가」は日本語の「-が」に当たる助詞です。

> **-이/-가**
> 名詞の終声が子音の場合=バッチムあり → **이**
> 名詞の終声が母音の場合=バッチムなし → **가**

例　편의점**이** コンビニが
　　옥수수차**가** トウモロコシ茶が

② 「-이/-가 아니에요 (-ではありません)」(否定形)

「-이/-가 아니에요」の形で否定を表します。

名詞 (終声が子音の場合=バッチムあり) + **-이 아니에요.**

例　이건 핸드폰**이 아니에요.**　これはケータイではありません。　🔊 040

名詞 (終声が母音の場合=バッチムなし) + **-가 아니에요.**

例　거긴 학교**가 아니에요.**　そこは学校ではありません。　🔊 041

> **尋ねる表現** 友達に聞いてみましょう。　🔊 042

① 이게 뭐예요?　→　시계예요.
　これは何ですか。　→ 時計です。

② 여기가 어디예요?　→　명동이에요.
　ここはどこですか。　→　明洞です。

③ 누구예요?　→　오빠예요.
　誰ですか?　→　兄です。

④ 누구 거예요?　→　오빠 거예요.
　誰のものですか。　→　兄のものです。

❖日本語と韓国語の助詞の使い方

上記の①と②のようにある物事について初めて尋ねる時、日本語は「これはなんですか。」のように、一般的に助詞「は」を用いるが、韓国語は「이게(이것이) 뭐예요?」のように助詞「が」を用いることが一般的です。

2-3 助詞「-만」

助詞「-만 (−だけ、−のみ)」

　「-만」にはいくつかの意味・用法がありますが、ここでは名詞の後ろに付く表現を学びます。助詞「-만」は、「−だけ」「−のみ」という限定の意味を表します。

> **名詞 + 만** −だけ、−のみ
>
> 例　옥수수차**만**　トウモロコシ茶だけ
> 　　편의점**만**　コンビニだけ

연습 (練習)

練習1　日本語に合うように韓国語を並べ替えてみましょう。

① あの人は誰ですか。

　누구 / 은 / 저 / 예요? / 사람

---

② これは トウモロコシ茶です。

　예요. / 은 / 이것 / 옥수수차

---

③ それはコンピューターではありません。

　은 / 컴퓨터 / 가 / 그것 / 아니에요.

---

④ そこはコンビニではありません。

　거기 / 이 / 아니에요. / 는 / 편의점

練習2 カッコ内に当てはまる単語を選択肢から選んでみましょう。

① A : 이게 (　　　　　　)?　これ何ですか。
　 B : (　　　　　)이에요.　水です。

② A : (　　　　　　)은 교과서예요?　これは教科書ですか。
　 B : 아뇨, 교과서가 (　　　　　　).　いいえ、教科書ではありません。

③ A : (　　　　　　) 사람은 한국 사람이에요?　あの人は韓国人ですか。
　 B : 아뇨, 일본 사람이에요.　いいえ、日本人です。

④ A : (　　　　　　)사람은 (　　　　　　)예요?　その人は誰ですか。
　 B : 우리 (　　　　　)이에요.　私の兄です。

| 選択肢 | 아니에요　형　누구　뭐예요　이것　저　물　그 |

練習3 適切な助詞を入れてみましょう。

① 녹차(　　　) 주세요.　緑茶だけください。
② 이 사람(　　　) 학생(　　　) 아니에요.　この人のみ学生ではありません。

練習4 次の文を日本語で書いてみましょう。

① 저는 영국 사람이에요. 독일 사람이 아니에요.

_____

② 저 사람은 우리 아버지가 아니에요.

_____

③ 언니는 학생이 아니에요.

_____

練習5 次の文を韓国語で書いてみましょう。

① ここはどこですか。

....

② いいえ、友達ではありません。

....

③ あれは何ですか。

....

표현 응용 （表現応用） 本課で覚えた表現を応用してみましょう！

次の状況に合わせて役割を決め、友達と話してみましょう。

状況

韓国でコンビニに行きました。のど飴 (목캔디) を買おうと思っていますが見当たりません。ティーコーナーに気になるものがありましたが、何かよく分かりません。店員に聞いてみましょう！

※気になるもの⇒ 生姜茶 (생강차)

リエの韓国レポート

▶◀ 韓国のコンビニ事情 (한국의 편의점) ▶◀

　韓国のコンビニの多くは、イートインスペースを併設している。店内になくても、店外に簡易な椅子とテーブルが設置されていたりする。商品は、食料品や日用品などが基本で、日本のコンビニのラインナップと似ているが違いもあるようだ。お弁当の単価が日本よりも安く、デザートの種類が日本より少ない、など。1回用の少量のキムチが売られていたり、1+1（1個買ったら1個無料でもらえるセール）があるのが韓国らしいなと思う！

아메리카노 있어요?

アメリカンコーヒーありますか。

회화 (会話)

[커피숍에서 (コーヒーショップで)]

점원 어서 오세요!

리에 아메리카노 있어요?

점원 네, 사이즈는 스몰하고 레귤러가 있습니다.

리에 레귤러 사이즈로 주세요.

점원 3,000원입니다.
　　　삼천

리에 카드로 결제해 주세요.

점원 감사합니다.

　　　설탕과 크림은 저쪽에 있습니다.

단어 (単語)

아메리카노	アメリカンコーヒー	커피숍	コーヒーショップ
어서 오세요!	いらっしゃいませ!	사이즈	サイズ
스몰, 레귤러	スモール、レギュラー	하고	―と　助詞
있습니다	います、あります　基本形 있다	-입니다.	―です。　基本形 이다
카드로	クレジットカードで 正式には신용카드 (信用カード) という。	결제	決済
-해 주세요.	―してください	설탕	砂糖
과/와	―と　助詞	크림	(コーヒーや紅茶に入れる) ミルク
저쪽	あちら	-에	―に (位置、場所)　助詞

발음 (発音)　・결제[결쩨]　・-원입니다[워님니다]　・있습니다[읻씀니다]　・저쪽에[저쪼게]

문법（文法）

3-1 存在詞 「있어요, 없어요 (います、あります/いません、ありません)」

「있어요」は「います/あります」を表し、「없어요」は「いません/ありません」を表します。日本語のように、生物と無生物で使い分けることはありません。

	生物（人・動物）	無生物（物・概念）
있어요	います	あります
없어요	いません	ありません

例
① 집에 여동생이 **있어요**.
家に妹がいます。

② 커피는 **있어요**. 하지만 녹차는 **없어요**.
コーヒーはあります。しかし緑茶はありません。

③ 오늘은 숙제가 **없어요**?
今日は宿題がありませんか。

3-2 「-습니다/-ㅂ니다 (-です/-ます) **합니다体**

　動詞や形容詞は基本的に語尾変化を伴います。丁寧語尾「-습니다/-ㅂ니다」は用言の語幹について日本語の「-です、-ます」のような役割をします。「-습니다/-ㅂ니다」は「-이에요/-예요」よりもかしこまった表現です。子音語幹には「-습니다」が付き、母音語幹には「-ㅂ니다」が付きます。ㄹ語幹の場合はㄹが脱落し、「-ㅂ니다」が付きます。
　語幹というのは語尾を取った残り部分を指します。用言の基本形の語尾は「-다」です。

例　動詞：가다 行く ⇒ **가**語幹 **다**語尾 / 形容詞：예쁘다 かわいい ⇒ **예쁘**語幹 **다**語尾

子音語幹（バッチムあり） +습니다	母音語幹（バッチムなし） +ㅂ니다	指定詞 +ㅂ니다	存在詞 +습니다
먹다 食べる 먹**습니다** 食べます	자다 寝る **잡니다** 寝ます	이다 -である **입니다** です	있다 ある 있**습니다** あります
찾다 探す 찾**습니다** 探します	마시다 飲む 마**십니다** 飲みます	책이다 本である 책**입니다** 本です	없다 ない 없**습니다** ありません

읽다 読む 읽**습니다** 読みます	가다 行く **갑니다** 行きます
살다 住む「ㄹ脱落」 **삽니다** 住みます	오다 来る **옵니다** 来ます

なお、「합니다」体の疑問形は「-다」を取り、「-까」を用いて「-습니까/-ㅂ니까」の形になります。

먹다 ⇒ 食べる	먹**습니까?** 食べますか
마시다 ⇒ 飲む	마**십니까?** 飲みますか

例
① 커피를 마십니다.　　コーヒーを飲みます。

② 저녁을 먹습니다.　　夕食を食べます。
③ 요리를 합니다.　　料理をします。
④ 언제 갑니까?　　いつ行きますか。
⑤ 무엇을 찾습니까?　　何を探しますか。

3-3 「ㄹ」脱落

「ㄹ」脱落というのは、ㄹ語幹の後に「ㄴ, ㅂ, ㅅ, 오」で始まる語尾が付くと語幹の「ㄹ」が脱落することを言います。

例　「ㄹ語幹の用言」

動　詞 **알**다 知る	아는	압니다	아시고	아오
形容詞 **거칠**다 荒い	거친	거칩니다	거치시고	거치오

3-4 助詞 「-과/-와, -하고, -이랑/-랑 (ーと)」

並列の助詞「-과/와, -하고, -이랑/-랑」は「AとBと…」という時の「と」に当たります。「-과/-와」は文でも会話でも使われますが、「-하고, -이랑/-랑」は主に会話で使われます。「-과」は名詞の終声が子音の場合で「-와」は名詞の終声が母音の場合に用います。「-하고」は名詞の終声が母音でも子音でも使われます。「-이랑」は名詞の終声が子音の場合に、「-랑」は名詞の終声が母音の場合に用います。

例
① 선생님**과** 학생　　先生と学生
② 언니**와** 오빠　　姉と兄

③ 커피**하고** 녹차　　　コーヒーと緑茶
④ 여동생**하고** 남동생　妹と弟
⑤ 옷**이랑** 구두　　　　服と靴
⑥ 학교**랑** 회사　　　　学校と会社

연습 (練習)

練習1　「있어요, 없어요」を当てはめてみましょう。

① 시간이 (　　　　　　　　　　　)
　　時間があります。

② 친구가 (　　　　　　　　　　　)
　　友達がいます。

③ 수업은 (　　　　　　　　　　　)
　　授業はありません。

④ 형은 학교에 (　　　　　　　　　　　)
　　兄は学校にいません。

練習2　次の用言を例のように「-습니다/-ㅂ니다」で書いてみましょう。

例　바쁘다 忙しい ⇒	**바쁩니다** 忙しいです。
① 만나다 会う ⇒	
② 사다 買う ⇒	
③ 받다 受け取る ⇒	
④ 덥다 暑い ⇒	
⑤ 놀다 遊ぶ ⇒	
⑥ 하다 する ⇒	

練習3　次の文を日本語で書いてみましょう。

① A：스몰 사이즈 있어요?

　　　...

　　B：스몰 사이즈는 없어요. 하지만 레귤러 사이즈는 있어요.

　　　...

② A：삼만 원이에요.

　　　...

　　B：카드로 결제해 주세요.

　　　...

練習4　次の文を「합니다」体で書いてみましょう。

① 学校に行きます。

....

② これはスマートフォンです。（スマートフォン：스마트폰）

....

③ 妹と弟がいます。

....

④ 時間はあります。しかし、友達がいません。

....

표현 응용（表現応用）　本課で覚えた表現を応用してみましょう!

Let's talk!　次の状況に合わせて役割を決め、友達と話してみましょう。

> **状況**
> カフェに行きました。緑茶アイス（녹차 아이스크림）を食べる予定でした。しかし、バニラアイス（바닐라 아이스크림）しかなかったので、アイスコーヒー（아이스 커피）を飲むことにしました。

リエの韓国レポート

▶◀ コーヒーと伝統茶 (커피와 전통차) ▶◀

　韓国人はコーヒーが大好きなようで、休憩時間や食後にはコーヒーを飲むのが一般的な習慣となっている。

　コーヒーは、この課で扱った 아메리카노 (アメリカンコーヒー) を飲む人が多い。また、職場では通常コーヒーが常備されている。常備されているのはいわゆるコーヒーミックス (スティックコーヒー) で、コーヒーと砂糖とミルクがセットでパッケージされているものが主流だ。とても甘いが、一度飲み始めると癖になってしまう。

　自宅では、コーヒーより伝統茶 (전통차) を飲む人が多い。そのためなのか、スーパーマーケットや大型マートの食料品コーナーにはいろいろな伝統茶がぎっしり並んでいる。

第4課

얼마예요?

いくらですか。

회화 (会話)

[옷가게에서 (服屋で)]

점원 어서 오세요!

리에 후드 티셔츠 있어요?

점원 손님, 이거 어때요? 신상이에요.

리에 얼마예요?

점원 45,000원이에요.

리에 그래요? 그럼 저거는 얼마예요?

점원 32,000원이에요.

리에 좋아요. 저거로 주세요.

단어 (単語)

얼마예요?	いくらですか	옷	服
가게	店	후드 티셔츠	フード付きトレーナー 「후드 티」ともいう
손님	お客様	어때요?	どうですか　基本形 어떻다
신상	新商品　「신상품」の省略形	원	ウォン（韓国の貨幣単位）
그래요?	そうですか　基本形 그렇다	그럼	それでは、じゃあ
좋아요	いいです　基本形 좋다		

049

발음 (発音) ・옷[옫]　・좋아요[조아요]

문법（文法）

4-1　漢数詞

数字を表す韓国語には漢数詞と固有数詞があります。

① 漢数詞：数字の漢字を音読みする数詞。日本語の「いち、に、さん…」に当たる。

② 固有数詞：韓国語固有の数字の数え方。日本語の「ひとつ、ふたつ、みっつ…」に当たる。

ここでは「漢数詞」を学びましょう。

 050

（1）　1～10までが基本！何度も音読してしっかり覚えましょう。

1	2	3	4	5
일	이	삼	사	오

6	7	8	9	10
육	칠	팔	구	십

「0（ゼロ）」は「공」または「영」といいます。どちらを使うかは状況によります。

（2）　11以降は組み合わせです。　例 11 → 십（10）＋ 일（1）→ 십일

11	12	13	14	15
십일	십이	십삼	십사	십오

16	17	18	19	20
십육	십칠	십팔	십구	이십

（3）　漢数詞のうち、注意すべき発音

　　☆「6」が入る数詞の一部

　　16（십육）→ 심뉵

（4）桁数が多い数詞

☆100〜10,000

100（百）	1000（千）	10000（万）
백	천	만

☆桁数が多い場合は一度漢字に変換して一つずつ当てはめていくと比較的スムーズに表記できます。

例 38,647　→　三　万　八　千　六　百　四　十　七
　　　　　　　　삼　만　팔　천　육　백　사　십　칠

4-2　漢数詞の使い方

（1）電話番号

電話番号は漢数字で表現します。数や数字で物事を表す場合は「몇」という疑問詞を用います。発音は［면］なので注意しましょう。

例 전화번호가 몇 번이에요?（電話番号は何番ですか。）

　060　　　－　　　1234　　　－　　　9876番です。
공육공의　　　　일이삼사의　　　　구팔칠육 번이에요.

注意① 　電話番号の場合、「0（ゼロ）」は「공」と言います。

注意② 　「－（ハイフン）」は韓国語では通常「하이픈」または「붙임표」と言います。ただし、電話番号の時は「의［에］」と言います。

注意③ 　電話番号などの数字は相手に正確に伝えることが重要です。そのため、会話では電話番号に含まれる「1」や「2」をわざと固有数詞に置き換える人もいます（固有数詞については第5課で学習します）。

（2）年月日

年月日は漢数字で表現します。年は「년」、月は「월」、日は「일」となります。例えば2022年4月8日ならば次のようです。

例　오늘이 며칠이에요 ? （今日は何日ですか。）
　　2022年　　4月　　　8日
　　이천이십이 년　사월　팔 일이에요.

日にちを聞く「何日」は「몇 일」ではなく、「며칠」と言うので注意しましょう。

＊原則として年、月、日は分かち書きをしますが、順序を表す場合や数字とともに使う場合は分かち
　書きをせずに書くことが許容されます。但し、「月」は分かち書きをしないのが一般的です。

1月―12月までは次のようになりますが、6月と10月だけは変則的になります。

053

1月	2月	3月	4月	5月	6月
일월	이월	삼월	사월	오월	유월
7月	8月	9月	10月	11月	12月
칠월	팔월	구월	시월	십일월	십이월

○友達の誕生日を聞いてみましょう。また、家族の誕生日を言ってみましょう。

例　생일이 언제예요? / 생일이 며칠이에요?
　　誕生日はいつですか。 / 誕生日は何日ですか。

연습 (練習)

練習1　次の数字を韓国語で書いてみましょう。

① 15 ....

② 24 ....

③ 136 ....

④ 9378 ....

練習2　下線部を数字で書いてみましょう。

① <u>천</u> 원이에요. ....

② <u>만 사천</u> 원이에요. ....

③ <u>십</u>이에요. ....

④ <u>육만 이천</u> 원이에요. ....

練習3　次の文を日本語で書いてみましょう。

① 이 디자인이 좋아요. 얼마예요?　(디자인：デザイン)

....

② 손님, 저 옷은 어때요?

....

③ 이 구두는 칠만 팔천 원이에요.

....

₩00,000

練習4　次の会話文について@ⓑの単語を入れ替えて、スラスラ話せるまで練習してみましょう。 🔊 055

A：이게 뭐예요?　これ何ですか。

B：<u>김치</u>예요.　キムチです。
　　　ⓐ

A：얼마예요?　いくらですか。

B：<u>15,000</u>원이에요.　15,000ウォンです。
　　ⓑ

┌───┐
│ ⓐ 구두：靴 / 음료수：飲み物 / 과자：菓子　　ⓑ 30,000 / 1,000 / 5,000 │
└───┘

練習5 次の文を韓国語で書いてみましょう。

① 1995年6月28日

....

② 姉の誕生日は2001年10月15日です。

....

③ 12月25日はクリスマスです。

....

표현 응용（表現応用） 本課で覚えた表現を応用してみましょう！

 次の状況に合わせて役割を決め、友達と話してみましょう。

状況
（1）友達の誕生日のプレゼントを買いに行きました。25,000ウォンのかわいい財布（지갑）をみつけたので買おうと思います。
（2）友達の誕生日パーティーに行きました。そこで気が合う友達に出会いました。電話番号と誕生日を聞いてみましょう！

リエの韓国レポート

▶◀ **現金決済とキャッシュレス決済（현금 결제와 카드 결제）** ▶◀
　新型コロナ感染症（COVID-19）の影響で最近少しずつ変化はしているものの、まだ日本は現金を使うことが多い。比較的名の知れた店でも「クレジットカードは使えません」と表示しているところは珍しくないし、昔ながらの商店街などでは現金でやりとりすることが当然のようになっている。しかし、韓国は逆だ。雑貨店のようなどんなに小さなお店でも、クレジットカードを使えないところはほとんどない。しかも、ほとんどの人がオンラインバンキングを利用するという。このようなことはデジタル化が進んだ韓国社会の特性と関係があるかも知れない。

모짜렐라치즈 핫도그를 두 개 주세요.

モッツァレラチーズドッグを2つください。

회화（会話）

[가게에서（店で）]

 056

리에 모짜렐라치즈 핫도그를 두 개 주세요.

점원 '감자'하고 '고구마' 두 종류가 있어요.

리에 그래요? '감자'로 주세요.

점원 네, 알겠습니다.

리에 얼마예요?

점원 5,000원입니다. 소스는 저쪽에 있습니다.

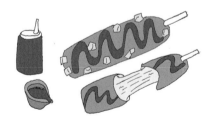

단어（単語）

모짜렐라치즈	モッツァレラチーズ	핫도그	ホットドッグ
-개	-個	감자	じゃがいも
고구마	さつまいも	종류	種類
알겠습니다	かしこまりました、わかりました	소스	ソース

 057

발음（発音）　・알겠습니다[알겓씀니다]　　・종류[종뉴]

5−1 固有数詞

第4課では漢数詞を学習しましたが、第5課では固有数詞を学びます。　🔊 058

（1）1〜10

1	2	3	4	5
하나	둘	셋	넷	다섯

6	7	8	9	10
여섯	일곱	여덟	아홉	열

（2）**11以降は組み合わせです。**　例 11 → 열（10）＋ 하나（1）→ 열하나

11	12	13	14	15
열하나	열둘	열셋	열넷	열다섯

16	17	18	19	20
열여섯	열일곱	열여덟	열아홉	스물

（3）**20以降も組み合わせとなります。**　例 25 → 20（스물）＋ 5（다섯）→ 25（스물다섯）

（4）30−90

30	40	50	60	70	80	90
서른	마흔	쉰	예순	일흔	여든	아흔

数字の後ろにつけて、数の性質を示す言葉です。日本語、韓国語、中国語などにはこの助数詞が存在します。

例	個	台	名	才	匹	冊	枚	杯
	개	대	명	살	마리	권	장	잔

助数詞の前は基本的に固有数詞を使います。ただし、例外があります。値段（○원など）、年月日（○년 ○월 ○일）、階（○층）などの前は漢数詞を使います。

「1（하나）、2（둘）、3（셋）、4（넷）、20（스물）」は助数詞の前で形が変わります。1（하나）、2（둘）、3（셋）、4（넷）が含まれる数字（例えば11、12、23など）も同様に形が変わります。

基本の固有数詞	하나	둘	셋	넷	스물
助数詞の前	한	두	세	네	스무

例　1個 → 한 개　　2台 → 두 대　　3匹 → 세 마리

　　4冊 → 네 권　　20枚 → 스무 장

（1）時間の場合

「□時△分」は「□시 △분」と表します。□には固有数詞、△には漢数詞が入ります。

例　몇 시예요? (何時ですか。) 🔊 059

　　（ 오전 / 오후 ）　**아홉** 시　　**십오** 분이에요.

　　（午前 / 午後）　　9時　　　　15分です。
　　　　　　　　　　　固有数詞　　漢数詞

注意事項 ①　　1時－4時は、固有数詞の形が変化します。（前項参照）

　　　　　　　⇒ 1時：한 시○　　하나 시 ×

注意事項 ②　　30分は「30분」とも「반（半）」とも表記します。

　　　　　　　⇒ 午後4時半　　오후 4시 30분 (○)

　　　　　　　　　　　　　　　오후 4시 반 (○)

（2）歳や物の場合　　　　　　　　　　　　　　　　　　　　　🔊 060

　例1　몇 살이에요? (何歳ですか。)

　　　　열아홉 살이에요. (19歳です。)

　　　　저는 스무 살이에요. (私は20歳です。)

　例2　책이 몇 권 있어요? (本が何冊ありますか。)

　　　　세 권 있어요. (3冊あります。)

5−3　助詞「-을/-를 (を)」

日本語の「ーを」に当たる助詞は「-을/-를」となります。

> **名詞＋-을/-를**
> 名詞の終声が子音の場合＝バッチムあり → 을
> 名詞の終声が母音の場合＝バッチムなし → 를

　例　① 엄마가 치즈를 삽니다.　　　　　　　　　　　　🔊 061
　　　　母がチーズを買います。

　　　② 친구가 공부를 합니다.
　　　　友達が勉強をします。

　　　③ 아이가 물을 마십니다.
　　　　子どもが水を飲みます。

　　　④ 할머니가 신문을 읽습니다.
　　　　祖母が新聞を読みます。

＊参考

助詞の使い方に注意しましょう。

「타다/乗る」「만나다/会う」「(여행/旅行・산보/散歩) 가다/行く」の場合、日本語は助詞「に」を取るが、韓国語は「을/를」を用います。

　① 버스를 탑니다.　　　バスに乗ります。

　② 선생님을 만납니다.　先生に会います。

　③ 여행을 갑니다.　　　旅行に行きます。

연습 (練習)

練習1　次の数字を韓国語の固有数詞で書いてみましょう。

① 8 ....　② 16 ....

③ 23 ....　④ 37 ....

練習2　次の韓国語をアラビア数字で書いてみましょう。

① 열하나 ....　② 스물셋 ....

③ 일곱 ....　④ 열아홉 ....

練習3　カッコ内に当てはまる韓国語を書いてみましょう。

① 3名　（　　　　　　）명　② 2個　（　　　　　　）개

③ 20冊　（　　　　　　）권　④ 1台　（　　　　　　）대

練習4　日本語に合うように韓国語を入れ替えてみましょう。

① 学生が2名います。

　있어요. / 명 / 이 / 두 / 학생

────────────────────────────────

② 何歳ですか。　　18歳です。

　몇 / 이에요? / 이에요. / 살 / 살 / 열여덟

────────────────────────────────

③ 妹は15歳です。

　살 / 다섯 / 열 / 여동생 / 이에요. / 은

────────────────────────────────

④ 自動車が4台あります。

　네 / 가 / 자동차 / 대 / 있어요.

────────────────────────────────

次の時間を韓国語で書いてみましょう。

① 午後2時30分

② 午前11時45分

③ 午後8時22分

표현 응용 (表現応用) ▷ 本課で覚えた表現を応用してみましょう！

Let's talk! 次の状況に合わせて役割を決め、友達と話してみましょう。

状況
文房具店に来ています。
ノート (공책) を4冊買うつもりです。ノートは1冊1,000ウォンです。ノートの
サイズはＢ５^{비 오}とＡ４^{에이사}、2種類があります。

リエの韓国レポート

▶◀ ハッドグブーム (핫도그 붐) ▶◀

　韓国では、2018年くらいからホットドッグが空前の大ブームを起こしている。その「韓国式
ホットドッグ」は、ボリューム満点だ。ソーセージが真ん中に入っているおなじみのものだけで
なく、モッツァレラチーズを芯にしてジャガイモやさつま芋をつけ、丸ごと揚げたホットドックな
ど種類も多い。数種類のソースやパウダーをかけて食べるのが特徴だ。日本でも新大久保や鶴
橋のコリアタウンではお店が急増している。韓国式に「ハッドグ」と表記したりもする。日本ではチ
ーズが 入ったものは短くチーズドッグ (치즈도그) という。

第6課

우리 오늘은 어디에 가요?

私たち今日はどこに行きますか。

회화 (会話)

리에 수지 씨, 우리 오늘은 어디에 가요?

수지 북촌에 가요.

리에 북촌은 뭐가 유명해요?

수지 한옥마을이 유명해요.

리에 그래요? 한옥마을에서는 사람들이 주로 뭐 해요?

수지 보통 한복도 입고 사진도 찍어요.

단어 (単語)

가요?	行きますか　基本形 가다	북촌	北村　地名 (ソウルの鐘路区に位置)
유명해요	有名です　基本形 유명하다	한옥마을	韓屋村　韓国の伝統家屋が集まっているエリア
-에서	–で (場所)　助詞	사람들	人々
주로	主に	보통	普通
한복	韓服　韓国の伝統衣装	-도	–も　助詞
입고	着て　基本形 입다	사진	写真
찍어요	撮ります　基本形 찍다		

발음 (発音)　・한옥[하녹]　・입고[입꼬]　・찍어요[찌거요]

6-1 「-아요/-어요 (－です、－ます)」 해요体

「해요」体は日常会話でよく使われる表現で、「해요」体の丁寧語尾「-아요/-어요」は「합니다」体の丁寧語尾「-습니다/-ㅂ니다」より打ち解けた表現です。「해요」体の疑問文は平叙文の形と同じなので、文末に「?」を付けてイントネーションをあげます。

> 用言の語幹が陽母音 (ㅏ, ㅗ)　　　⇒ 用言の語幹 ＋ -아요
> 用言の語幹が陰母音 (ㅏ, ㅗ 以外) ⇒ 用言の語幹 ＋ -어요

（1）語幹にバッチムがある場合

下記のように語幹にバッチムがある場合、陽母音の語幹には「-아요」を付け、陰母音の語幹には「-어요」を付けます。

받다 受ける	받 ＋ 아요 ⇒ 받아요 受けます
놀다 遊ぶ	놀 ＋ 아요 ⇒ 놀아요 遊びます
먹다 食べる	먹 ＋ 어요 ⇒ 먹어요 食べます
읽다 読む	읽 ＋ 어요 ⇒ 읽어요 読みます

例 ① 케이크를 먹어요.
　　ケーキを食べます。

② 소포를 받아요.
　　小包みを受け取ります。

③ 친구랑 놀아요.
　　友達と遊びます。

（2）語幹にバッチムがない場合

[1] 母音の省略

語幹にバッチムがない場合、母音の省略や合成が起こります。次のように語幹の母音が「ㅏ, ㅓ, ㅐ, ㅔ, ㅕ」の場合には、「아」や「어」が省略されます。

ㅏ + 아요 ⇒ ㅏ	가다 行く	가 + (아)요 → **가요** 行きます
ㅓ + 어요 ⇒ ㅓ	서다 立つ	서 + (어)요 → **서요** 立ちます
ㅐ + 어요 ⇒ ㅐ	내다 払う・出す	내 + (어)요 → **내요** 払います、出します
ㅔ + 어요 ⇒ ㅔ	세다 数える	세 + (어)요 → **세요** 数えます
ㅕ + 어요 ⇒ ㅕ	펴다 広ける	펴 + (어)요 → **펴요** 広げます

例 ① 학교에 가요.
　　学校に行きます。

 065

② 별을 세요.
　　星を数えます。

③ 과제를 내요.
　　課題を出します。

[2] 母音の合成

語幹の母音が「ㅗ, ㅜ, ㅣ」の場合には、母音が合成されます。

ㅗ + 아요 ⇒ ㅘ	보다 見る	보 + 아요 = <u>보아요</u> (×) ⇒ **봐요** 見ます
ㅜ + 어요 ⇒ ㅝ	배우다 学ぶ	배우 + 어요= <u>배우어요</u> (×) ⇒ **배워요** 学びます
ㅣ + 어요 ⇒ ㅕ	마시다 飲む	마시 + 어요= <u>마시어요</u> (×) ⇒ **마셔요** 飲みます

例 ① 엄마와 한국 드라마를 봐요.
　　母と韓国のドラマを見ます。

066

② 한국어를 배워요.
　　韓国語を学びます。

③ 콜라를 마셔요.
　　コーラを飲みます。

[3] その他

하다 する ⇒ 하여요 ⇒ **해요** します	
되다 なる ⇒ 되어요 ⇒ **돼요** なります	

例 ① 공부를 해요.
　　勉強をします。

067

② 내년에 성인이 돼요.
　　来年成人になります。

順序、並列 「-고（−して、−くて、−で）」

二つ以上の動作や状態、事実をつなぐ役割をします。

> （1）用言：語幹 + **고**
> （2）名詞：パッチムのある名詞 + **이고**／パッチムのない名詞 + **고**

例 ① 이 치마가 예쁘**고** 싸요. 🔊 068
　　このスカートが可愛くて安いです。

② 밥도 먹**고** 빵도 먹어요.
　　ご飯も食べてパンも食べます。

③ 나는 한국 사람**이고** 친구는 일본 사람입니다.
　　私は韓国人で友達は日本人です。

④ 영화를 보**고** 식사를 해요.
　　映画を見て食事をします。

연습（練習）

練習1 次の用言を「-해요」体で書いてみましょう。

살다 住む		만나다 会う	
먹다 食べる		건너다 渡る	
있다 ある・いる		오다 来る	
멀다 遠い		배우다 学ぶ	
만들다 作る		보내다 送る	
좋다 良い		기다리다 待つ	
맛있다 美味しい		공부하다 勉強する	
많다 多い		*듣다 聞く	

＊「듣다」は不規則活用

練習2　次の文を例のようにして完成させましょう。

例 커피를 마시다. / 산책을 하다. → 커피를 마시고 산책을 해요.

① 학교 식당은 맛있다. / 싸다.

....

② 여자 친구는 키가 크다. / 머리가 길다.

....

③ 저 사람은 미국인이다. / 선생님이다.

....

④ 집에서 공부하다. / 쉬다.

....

練習3　「-해요」体を用いて文を完成させましょう。

① 김밥을 ....　　のり巻きを食べます。

② 친구를 ....　　友達に会います。

③ 도쿄에 ....　　東京に行きます。

④ 이메일을 ....　　Eメールを送ります。

⑤ 교실에 학생이 ....　　教室に学生が多いです。

練習4　次の文を「-해요」体で書いてみましょう。

① 大阪に住んでいます。

....

② 韓国語はどこで学びますか。

....

③ 友達と遊びます。

....

④ スターバックスで本を読みます。

스타벅스 ....

⑤ 運動をしてご飯を食べます。

＿＿＿＿＿＿＿＿＿＿＿＿＿＿＿＿＿＿＿＿＿＿＿＿＿＿＿＿＿＿＿

練習5 友達に聞いてみましょう。

① A：어디에 살아요? B：＿＿＿＿＿＿＿＿＿＿＿

② A：고향은 뭐가 유명해요? B：＿＿＿＿＿＿＿＿＿＿＿

③ A：어디에서 친구를 만나요? B：＿＿＿＿＿＿＿＿＿＿＿

④ A：학교는 어디에 있어요? B：＿＿＿＿＿＿＿＿＿＿＿

⑤ A：주말에는 주로 뭐 해요? B：＿＿＿＿＿＿＿＿＿＿＿

*고향 (故郷)　주말 (週末)

표현 응용 (表現応用) 本課で覚えた表現を応用してみましょう！

Let's talk!

次の状況に合わせて役割を決め、友達と話してみましょう。

状況
春休み (봄 방학) に九州の友達が大阪に遊びに来ました。私は毎日街のあちらこちらを案内しました。今日は友達と大阪城 (오사카성) に行って花見 (꽃구경) をしながら写真を撮るつもりです。　　*꽃구경을 하다 / 花見をする

리에의 한국 레포트

▶◀ 韓服ツアー (한복 투어) ▶◀
　最近、韓国では韓服 (한복) を着て観光する人が増え、今や韓服ツアーはソウルの観光の必修コースにもなっているようだ。しかも、韓服を着ている観光客はチケット購入なしで入場できる特典を設けている一部の観光名所もあるらしい。ソウルに行ったら一度試してみて！

목요일에는 수지 씨를 안 만나요.

木曜日はスジさんに会いません。

회화（会話）

[리에와 유나의 문자 메시지 (リエとユナのメッセージのやり取り)]

069

유나 리에 씨, 목요일에 수지 만나요?

리에 아뇨, 목요일에는 수지 씨를 안 만나요.

유나 혹시 쇼핑을 좋아해요?

지금 신촌에서 아이돌 굿즈를 팔아요.

리에 아, 그래요? 비싸지 않아요?

유나 그렇게 비싸지 않아요.

리에 씨, 신촌은 알아요?

리에 네, 알아요. 근데 있잖아요…

실은 혼자서 좀 걱정이에요.

단어（単語）

목요일	木曜日	아뇨	いいえ　아니요の省略形
혹시	もしかして、ひょっとして	쇼핑	ショッピング
좋아해요?	好きですか　基本形 좋아하다	지금	今
신촌	新村　地名 (ソウル市西大門区に位置)	아이돌 굿즈	アイドルグッズ
팔아요	売っています　基本形 팔다	비싸지 않아요?	高くないですか
그렇게	そんなに	알아요	知っています　基本形 알다
있잖아요	あのですね…	실은	実は
혼자서	一人で	좀	ちょっと、少し
걱정	心配		

발음 (発音)	・목요일[**모교일**]	・그렇게[**그러케**]	・알아요[**아라요**]	・팔아요[**파라요**]
	・있잖아요[**읻짜나요**]	・실은[**시른**]	・걱정[**걱쩡**]	・혹시[**혹씨**]
	・좋아해요[**조아해요**]	・비싸지 않아요[비싸지 **아나요**]		

문법 (文法)

7-1 否定形 (前置否定)「안+用言」

> （1）가다 行く 　　: **안** 가다 　　　**안** 가요 　　行きません。
> （2）먹다 食べる 　: **안** 먹다 　　　**안** 먹어요 　食べません。
> （3）놀다 遊ぶ 　　: **안** 놀다 　　　**안** 놀아요 　遊びません。

*「名詞+하다」は、「안」の位置に気をつけましょう！

　공부하다 勉強する：공부 안 하다 ⇒ 공부 안 해요. 勉強しません。

　운동하다 運動する：운동 안 하다 ⇒ 운동 안 해요. 運動しません。

例　① 오늘은 학교에 **안** 가요.　　　　　　　　　　　 071
　　　今日は学校に行きません。

　　② 술은 **안** 마셔요.
　　　酒は飲みません。

7-2 否定形 (後置否定)「用言の語幹+지 않다」

> （1）가다 行く 　　: 가**지 않다** 　　가**지 않아요** 　行きません。
> （2）먹다 食べる 　: 먹**지 않다** 　　먹**지 않아요** 　食べません。
> （3）하다 する 　　: 하**지 않다** 　　하**지 않아요** 　しません。

例　① 오늘은 학교에 가**지 않아요**.　　　　　　　　　 072
　　　今日は学校に行きません。

　　② 술은 마시**지 않아요**.
　　　酒は飲みません。

7-3 年、月、曜日

지난달　先月	이번 달　今月	다음 달　来月
지난주　先週	이번 주　今週	다음 주　来週
어제　昨日	오늘　今日	내일　明日
작년　昨年	올해　今年	내년　来年

日曜日	月曜日	火曜日	水曜日	木曜日	金曜日	土曜日
일요일	월요일	화요일	수요일	목요일	금요일	토요일

例　① 다음 달에 한국에 가요.　
　　　来月韓国に行きます。

　　② 이번 주 토요일에 영화를 봐요.
　　　今週土曜日に映画を見ます。

7-4 「-네요 (－ますね、－ですね)」

今知った事実について感嘆する気持ちを表します。　

> （1）벌써 눈이 오네요.　　もう雪が降りますね。
> （2）여기 음식이 맛있네요.　ここの料理は美味しいですね。
> （3）오늘은 춥네요.　　　今日は寒いですね。
> （4）아이가 예쁘네요.　　子どもがかわいいですね。

7-5 「-을/-를 좋아해요 (－が好きです)」　075

> ＊「－を好む」と表現したい場合によく使われますが、助詞の使い方
> には気をつけましょう!
> （1）저는 커피를 좋아해요.　私はコーヒーが好きです。
> （2）저는 커피가 좋아요.　　私はコーヒーがいいです。

例 ① K-POP을 좋아해요.
K-POPが好きです。

② 날씨가 좋아요.
天気が良いです。

〈 연습 (練習) 〉

練習1 次の用言を「否定形」で書いてみましょう。

基本形	否定形	
먹다 食べる	**안** 먹어요 食べません	**먹지 않아요** 食べません
놀다 遊ぶ		
찾다 探す		
입다 着る		
좋다 良い		
높다 高い		
자다 寝る		
만나다 会う		
배우다 学ぶ		
숙제하다 宿題する		
사랑하다 愛する		
일어나다 起きる		

練習2 次の文を「해요」体を用いて完成させましょう。

① 내일은 친구를 .... 明日は友達に会いません。

② 날씨가 .... 天気が良くありませんね。

③ 놀이공원에서 .... 遊園地で遊びませんか。

④ 오늘도 .... 今日も宿題をしませんか。

⑤ 매일 .... 毎日運動しません。

練習3 次の予定表を見て例のように答えてみましょう。

월요일	화요일	수요일	목요일	금요일	토요일	일요일
한국어 수업	친구와 식사	아르바이트	어머니와 요가	여동생과 카페	친구와 노래방	남친 (여친)과 놀이공원

*수업 (授業)　노래방 (カラオケ)　놀이공원 (遊園地)

例 가 : 수요일에 친구와 노래방에 가요?

나 : **아뇨,** 수요일에는 친구와 노래방에 **안 가요**. 토요일에 가요.

① 가 : 월요일에 아르바이트를 해요?

나 : ....

② 가 : 일요일에 어머니와 요가를 해요?

나 : ....

③ 가 : 금요일에 남친(여친)과 놀이공원에 가요?

나 : ....

④ 가 : 수요일에 친구와 밥을 먹어요?

나 : ....

⑤ 가 : 목요일에 노래방에 가요?

나 : ....

練習4 次の文を「해요」体で書いてみましょう。

① 明日は学校に行きません。

....

② 一人では旅行に行きません。

....

③ 今週も勉強をしませんか。

＿＿＿＿＿＿＿＿＿＿＿＿＿＿＿＿＿

④ お酒は飲まないですね。

＿＿＿＿＿＿＿＿＿＿＿＿＿＿＿＿＿

練習5　　友達に聞いてみましょう。

① A：매일 아침에 빵을 먹어요?　　　B：＿＿＿＿＿＿＿＿＿＿＿
② A：나고야에 살아요?　　　B：＿＿＿＿＿＿＿＿＿＿＿
③ A：운동을 좋아해요?　　　B：＿＿＿＿＿＿＿＿＿＿＿
④ A：매일 아르바이트를 해요?　　　B：＿＿＿＿＿＿＿＿＿＿＿
⑤ A：이번 주는 친구를 안 만나요?　B：＿＿＿＿＿＿＿＿＿＿＿

표현 응용（表現応用）　本課で覚えた表現を応用してみましょう！

Let's talk!

次の状況に合わせて役割を決め、友達と話してみましょう。

状況

明日はサークルの集まり（동아리 모임）があります。いつもなら行きますが、明日は友達の誕生日パーティー（생일 파티）があるのでサークルの集まりには行かないつもりです。帰りにバス停で偶然サークルの友達に会いました。

リエの韓国レポート

▶◀「혼족」知っている？▶◀

　最近韓国では一人暮らしが増え、一人で様々な活動をしながら楽しむ人々を「혼족」という。一人で（혼자서）する行動によって、次のような新造語もできたらしい。

| 혼밥（一人でご飯） | 혼술（一人でお酒） | 혼코노（一人でコインカラオケ） |
| 혼쇼핑（一人でショッピング） | 혼행（一人で旅行） | 혼영（一人で映画） |

第8課

어디에서 한국어를 배웠어요?

どこで韓国語を学びましたか。

x

회화（会話）

 077

유나 리에 씨, 혼자서 쇼핑 괜찮았어요?

리에 네, 정말 재미있었어요. 특히 이대 상가가 좋았어요.

유나 근데, 리에 씨는 어디에서 한국어를 배웠어요?

리에 대학교에서 공부했어요.

유나 왜 한국어를 시작했어요?

리에 한국 노래를 좋아해서 시작했어요.

단어（単語）

괜찮았어요?	大丈夫でしたか 基本形 괜찮다	이대 상가	梨大商店街
정말	本当に	재미있었어요	おもしろかったです　基本形 재미있다
특히	特に	좋았어요	良かったです　基本形 좋다
한국어	韓国語	배웠어요?	学びましたか　基本形 배우다
대학교	大学	공부했어요	勉強しました　基本形 공부하다
왜	なぜ	노래	歌
좋아해서	好きで　基本形 좋아하다	시작했어요	始めました　基本形 시작하다
근데	ところで　그런데の省略形		

 078

발음（発音）　・특히[트키]　・대학교[대학꾜]　・시작했어요[시자캐써요]

$$\boxed{\text{문법(文法)}}$$

8-1 過去形 「-았어요/-었어요 (−ました、−かったです)」

> 用言の語幹が陽母音（ㅏ, ㅗ）　　：-았어요
> 用言の語幹が陰母音（ㅏ, ㅗ以外）：-었어요
> -하다で終わる用言　　　　　　　：-했어요

（1）語幹にバッチムがある場合

　用言の語幹にバッチムがある場合は下記のように、陽母音の語幹には「-았」、陰母音の語幹には「-었」を用いて過去を表します。

살다 住む	살 + **았**어요	살았어요 住みました
좋다 良い	좋 + **았**어요	좋았어요 良かったです
입다 着る	입 + **었**어요	입었어요 着ました
먹다 食べる	먹 + **었**어요	먹었어요 食べました

例　① 아침에 빵을 먹었어요.
　　　朝パンを食べました。

　　② 어제는 날씨가 좋았어요.
　　　昨日は天気が良かったです。

　　③ 3년간 오사카에 살았어요.
　　　3年間大阪に住みました。

　　④ 어제 여기서 사진을 찍었어요.
　　　昨日ここで写真を撮りました。

＊会話では上記の④のように「-에서」は「-에」を取った形でよく使われます。

　　例　거기에서 ⇒ 거기서（あそこで）/ 어디에서 ⇒ 어디서（どこで）

（2）語幹にバッチムがない場合

［1］母音の省略

　語幹にバッチムがない場合、母音の省略や合成が起こります。次のように語幹の母音が「ㅏ, ㅓ, ㅐ, ㅔ, ㅕ」の場合には、「아」か「어」が省略されます。

ㅏ + 았어요 ⇒ ㅏ	가다 行く	가 + 았어요	**갔어요** 行きました
ㅓ + 었어요 ⇒ ㅓ	서다 立つ	서 + 었어요	**섰어요** 立ちました
ㅐ + 었어요 ⇒ ㅐ	내다 払う	내 + 었어요	**냈어요** 払いました
ㅔ + 었어요 ⇒ ㅔ	세다 数える	세 + 었어요	**셌어요** 数えました
ㅕ + 었어요 ⇒ ㅕ	펴다 広げる、伸ばす	펴 + 었어요	**폈어요** 広げました

例　① 어제 도서관에 갔어요.

昨日図書館に行きました。

　　② 지도를 폈어요.

地図を広げました。

[2] 母音の合成

語幹の母音が「ㅗ, ㅜ, ㅣ」の場合には、母音が合成されます。

ㅗ + 아요 ⇒ ㅘ	보다 見る	보 + 았어요	**봤어요** 見ました
ㅜ + 어요 ⇒ ㅝ	배우다 学ぶ	배우 + 었어요	**배웠어요** 学びました
ㅣ + 어요 ⇒ ㅕ	마시다 飲む	마시 + 었어요	**마셨어요** 飲みました

例　① 지난주에 영화를 봤어요.

先週映画を見ました。

　　② 아침에 커피를 마셨어요.

朝コーヒーを飲みました。

[3] その他

하다 する ⇒ **했어요** しました	운동하다 運動する ⇒ **운동했어요** 運動しました
되다 なる ⇒ **됐어요** なりました	시작되다 始まる　⇒ **시작됐어요** 始まりました

例　① 어제는 영어 공부를 했어요.

082

昨日は英語の勉強をしました。

　　② 지난주부터 축제가 시작됐어요.

先週からお祭りが始まりました。

8-2 原因、理由 「-아서/-어서 (－して、－ので)」

> 前節の動作や状態が、原因や理由であることを表します。
> 用言の語幹の母音（ㅏ, ㅗ） ⇒ **아서**
> 用言の語幹の母音（ㅏ, ㅗ以外） ⇒ **어서**
> ＊詳細な活用は「해요体」（第6課）を参照

例 ① 옷이 작아요. 그래서 싫어요. 🔊 083
　　服が小さいです。それで嫌です。

　　옷이 **작아서** 싫어요.
　　服が小さいので嫌です。

② 숙제가 없었어요. 그래서 놀았어요.
　　宿題がなかったです。それで遊びました。

　　숙제가 **없어서** 놀았어요.
　　宿題がなかったので遊びました。

③ 어제는 비가 왔어요. 그래서 집에 있었어요.
　　昨日は雨が降りました。それで 家にいました。

　　어제는 비가 **와서** 집에 있었어요.
　　昨日は雨が降ったので家にいました。

＊過去の事柄を表現する場合にも「-아서/-어서」には過去形の語尾の「-았/-었」は付けません。

8-3 「으」不規則活用

「으」語幹の後に「-아요/-어요」のように母音から始まる語尾が付く時、「으」が脱落します。「으」が脱落して残った文字が陽母音の場合は「-아요」を付け、それ以外の場合は「-어요」を付けます。

> ① 아프다 (痛い)　　　　：語幹 아프「ㅡ」脱落 ⇒ 아ㅍ+**아요** ⇒ 아파요 (痛いです)
> ② 예쁘다 (かわいい)：語幹 예쁘「ㅡ」脱落 ⇒ 예ㅃ+**어요** ⇒ 예뻐요 (かわいいです)
> ③ 쓰다 (書く)　　　　：語幹 쓰「ㅡ」脱落　⇒ ㅆ+**어요**　⇒ 써요 (書きます)

例 ① 오늘은 아주 바빠요. 🔊 084
　　今日はとても忙しいです。

② 형은 키가 커요.
　　兄は背が大きいです。

연습（練習）

練習1 次の用言を「해요」体と「합니다」体の過去形で書いてみましょう。

基本形	았/었어요 았/었습니다	基本形	았/었어요 았/었습니다
먹다 食べる 語幹にパッチムあり ⇒	먹었어요 먹었습니다	일어나다 起きる 語幹にパッチムなし ⇒	일어났어요 일어났습니다
받다 もらう		보다 見る	
읽다 読む		외우다 覚える	
놀다 遊ぶ		보내다 送る	
알다 知る		일하다 働く	
작다 小さい		말하다 言う	
좋다 良い		마시다 飲む	
입다 着る		가르치다 教える	
재미있다 面白い		쓰다 書く	
늦다 遅い		고프다 お腹が空く	

練習2 次の文を「해요」体を用いて完成させましょう。

① 지난달에 영화를 ⟨_____⟩ 　　　先月映画を見ました。

② 어제는 8시에 ⟨_____⟩ 　　　昨日は8時に起きました。

③ 한국 날씨는 ⟨_____⟩ 　　　韓国の天気は良かったです。

④ 지난주에 아파서 ⟨_____⟩

　　　先週体調が悪くてアルバイトを休みました。

⑤ 어제 술을 마셔서 오늘 학교에 ⟨_____⟩

　　　昨日お酒を飲んだので今日学校に遅れました。

練習3 例のように「-아서/-어서」を用いて文を書いてみましょう。

例 시험이 있다 / 공부하다 ⇒ 시험이 있어서 공부했어요.

① 날씨가 좋다 / 공원에서 쉬다

_____

② 그 볼펜은 비싸다 / 안 사다

_____

③ 머리가 아프다 / 병원에 가다

_____

④ 일이 바쁘다 / 택시를 타다

_____

⑤ 맛있다 / 너무 많이 먹다

_____

練習4 次の文を「-합니다」体を用いて韓国語で書いてみましょう。

① 今日は朝7時に起きました。

_____

② 夏休みに何をしましたか。

_____

③ 映画がおもしろくなくて寝ました。

....

④ お金がなくてプレゼントを買いませんでした。

....

*おもしろくない 재미없다　・プレゼント 선물

練習5　友達に聞いてみましょう。

① A：지난주에 뭐 했어요?　　　　B：..

② A：오늘 몇 시에 일어났어요?　　B：..

③ A：어제 날씨가 어땠어요?　　　B：..

④ A：왜 한국어를 배웠어요?　　　B：..

⑤ A：왜 학교에 늦었어요?　　　　B：..

표현 응용（表現応用）　本課で覚えた表現を応用してみましょう！

次の状況に合わせて役割を決め、友達と話してみましょう。

状況
お昼に友達が作ってきた韓国の海苔巻き（김밥）を食べました。とても美味しかったです。韓国料理（한국 요리）がとても上手なその友達は、韓国の「맛집 탐방（名店探訪）」が大好きです。それを通して韓国料理に興味を持ち始め、1年前から週末に料理教室で韓国料理を習っています。

［地下鉄梨大駅と梨大商店街］

第9課

이태원에 가고 싶어요.

梨泰院に行きたいです。

회화 (会話)

 085

리에 수지 씨, 오늘은 이태원에 가고 싶어요.

수지 이태원이요? 리에 씨, 이태원도 알아요?

리에 그럼요. 드라마 때문에 요즘 명동보다 이태원이
더 인기예요.

수지 거기 예쁜 카페가 많아요. 유명한 맛집도 있고요.

리에 그래요? 그럼 수지 씨가 좋은 곳 안내 좀 해 주세요.
나중에 가족에게 얘기하고 싶어요.

단어 (単語)

-이요(?)/-요(?) (パチムの有無による)	ーです（か）助詞　丁寧さを加える。または相手の言葉の確認や同意を求めるときに用いる。	그럼요	もちろんです
-때문에	ーのために、ーのせいで 名詞＋때문에の形	요즘	最近、この頃　요즈음の省略形
-보다	ーより　助詞	더	もっと
인기	人気	예쁜	かわいい、きれい　基本形 예쁘다
카페	カフェ	유명한	有名な　基本形 유명하다
맛집	おいしいお店、グルメ店 会話で使われることが多い。	좋은 곳	いいところ
안내하다	案内する	나중에	後で
가족	家族	-에게	ーに（人、動物）　助詞
얘기하다	話す　이야기하다の省略形	해 주세요	ーして下さい
명동	明洞　地名（ソウル中区に位置）	이태원	梨泰院　地名（ソウルの龍山区に位置）

발음 (発音)　・좋은 곳[조은 곧]　　　・인기[인끼]　　　・맛집[맏찝]　　　・그럼요[그럼뇨]

9-1　願望「-고 싶어요 (－したいです)」

「-고 싶어요 (－したいです)」は願望を表します。

○ 動詞の語幹＋고 싶어요：－したいです。

　　子音語幹でも母音語幹でも「-고 싶어요」を付けます。

읽다　読む ⇒	읽고 **싶어요**　読みたいです
배우다　学ぶ ⇒	배우고 **싶어요**　学びたいです

例　A：지금 뭐 **하고 싶어요**?　 087
　　　今何をしたいですか。

　　B：커피를 **마시고 싶어요**.
　　　コーヒーを飲みたいです。

　　C：저는 잡지를 **읽고 싶어요**.
　　　私は雑誌を読みたいです。

9-2　助詞 「-보다 (－より)」

比較を表現する助詞です。[A보다 B：AよりB]

例　① 사과**보다** 귤을 좋아해요.　 088
　　　りんごよりみかんが好きです。

　　② 바다**보다** 산을 더 좋아해요.
　　　海より山がもっと好きです。

＊「○○보다 더 ○○」という形でも使われます。더 (もっと) を入れることで文意が強調され
　ます。

9-3 助詞 「-에게, -한테 (−に)」

助詞「-에게, -한테 (−に)」は、対象が人間、動物の場合に使用します。

人・動物 ＋「에게」または「한테」
＊「한테」は主に会話で使われます。

例　① 형에게 이야기해요.　兄に話します。 089
　　② 친구한테 편지를 보내요.　友達に手紙を送ります。

9-4 助詞 「-에게서, -한테서 (−から)」

人、動物 ＋「에게서」または「한테서」
＊「한테서」は主に会話で使われます。

例　① 형에게서 편지를 받아요.　兄から手紙を受け取ります。 090
　　② 어제 친구한테서 연락이 왔어요.　昨日友達から連絡が来ました。

　会話では文意で判断することが多いので、下記のように「에게서」の代わりに「에게」を用いること
もあります。

例　① 엄마에게 용돈을 받았어요.
　　　母に（から）小遣いをもらいました。 091
　　② 아빠에게 전화가 왔어요.
　　　（誰かから）父に電話が来ました。 / 父から（私やその場にいる人に）電話が来ました。
　　＊二通りの解釈が可能

연습 (練習)

練習1 次の文を「해요」体で書いてみましょう。

① ご飯を食べたいです。

_____

② 本を買いたいです。

_____

③ 運動したいです。

_____

④ 友達と遊びたいです。

_____

練習2 カッコ内に当てはまる助詞を書いてみましょう。

① 机に　　책상（　　　　　　　）　　② 母に　　어머니（　　　　　　　）

③ 子どもに　아이（　　　　　　　）　　④ デパートに　백화점（　　　　　　　）

練習3 日本語に合うように韓国語の単語を入れ替えて文を完成させましょう。

① 弟が兄より背が低いです。

키 / 남동생 / 형 / 이 / 보다 / 가 / 작아요.

_____

② このお菓子よりあのお菓子が甘いです。

과자 / 달아요 / 보다 / 저 / 과자 / 이 / 가

_____

③ ドラマより映画が見たいです。

보다 / 영화 / 싶어요 / 보고 / 를 / 드라마

_____

④ 子どもに韓国語を教えたいです。

한국어 / 아이 / 가르치고 / 를 / 싶어요 / 에게

_____

練習4　次の文を日本語で書いてみましょう。

① 이 과자를 여동생에게 주고 싶어요.

---

② 친구한테서 선물을 받았습니다.

---

③ 아버지에게서 편지가 왔어요.

---

④ 혼자서 뭘 하고 싶어요?

표현 응용（表現応用） 本課で覚えた表現を応用してみましょう！

次の状況に合わせて役割を決め、友達と話してみましょう。

状況

（1）冬休み（夏休み）にしたいことを話してみましょう。

（2）友達に好きな食べ物を聞いてみましょう。

「-보다 더」を用いて話してみましょう。

リエの韓国レポート

▶▶ 梨泰院（イテウォン）◀◀

　梨泰院はソウル市龍山区にあるエリアだ。ソウルの中でも異国情緒あふれる場所だといえる。各国の飲食店や洋服・雑貨などだけではなく、イスラム教のモスクなど宗教施設もある。様々な人達の姿や文化が、街全体に溶け込んでいる。

　かつては独特の雰囲気が魅力となっていた梨泰院だが、数年前に注目が集まり始め、明るいおしゃれなストリートに変わりつつある。最近の人気スポットは経理団通り（경리단길）だ。

　韓国ドラマが好きな人は、日本でもヒットした「梨泰院クラス」を思い出すだろう。

CREMA
PREMIUMROASTINGCOFFEE

ROASTING COFFEE

원두 200G   ~~16,000~~ → 13,000
(홀빈,그라인딩)

NON ALCOHOL COCKTAIL

라임 모히또	5,500
피치크러쉬	5,500

TEA

아쌈	3,000
얼그레이	3,000
유자차	3,500
자몽차	3,500
레몬생강차	3,500
얼그레이자몽	5,000

TEA BAG

캐모마일	4,500
페퍼민트	4,500
루이보스	4,500
히비스커스	4,500

ICE TEA&ADE

레몬아이스티	3,000
복숭아아이스티	3,000
레몬에이드	3,500
블루레몬에이드	4,000
딸기에이드	4,000
망고에이드	4,000
자몽에이드	4,500
유자에이드	4,500

SMOOTHE & FRAPPE

스트로베리스무디	4,500
스트로베리레몬스무디	5,000
망고스무디	4,500
초코프라페	4,500
그린티프라페	4,500
요거트프라페	4,500
말차아이스크림	5,000

+ 추가 +
바닐라 아이스크림   700

DESSERT

시나몬식빵	2,000
르뱅쿠키	2,500
어니언 베이글	2,500
블루베리 베이글	2,500
크림치즈	700
요거트볼	4,500
허니브레드	5,000

［韓国のカフェ］
❖メニューを参考に友達と注文の練習をしてみましょう！

뮤지컬을 보러 가요.

ミュージカルを見に行きます。

회화 (会話)

[떡볶이 가게에서 (トッポッキ屋で)]

유나 어, 리에 씨, 떡볶이 먹으러 왔어요?

리에 어머, 유나 씨도요?

오늘은 떡볶이 사진을 찍어서 SNS에 올리려고 해요.

유나 아, 그래요? 여기 유명한 맛집이지만

가격은 아주 저렴해요.

리에 정말요? 참, 어제 수지 씨랑 이태원의

유명한 라이브 카페에 갔어요. 진짜 멋있었어요.

유나 라이브 카페 정말 좋죠? 그럼 오늘도 갈까요?

리에 고마워요. 근데 오늘은 뮤지컬을 보러 가요.

단어 (単語)

떡볶이	トッポッキ	먹으러 왔어요?	食べに来ましたか
찍어서	撮って　基本形 찍다	올리려고 해요	載せようと思います
맛집이지만	グルメ店だけど	가격	価格
아주	とても	저렴해요	安いです　基本形 저렴하다
어제	昨日	-의	―の　助詞
라이브 카페	ライブカフェ	멋있었어요	素敵でした　基本形 멋있다
좋죠?	いいでしょ　基本形 좋다	고마워요	ありがとうございます　基本形 고맙다
보러 가요	見に行きます		

발음 (発音) ·떡볶이[떡**뽀끼**] ·찍어서[**찌거**서] ·맛집이지만[**맏찌비**지만] ·저렴해요[저**려매요**]

문법(文法)

10-1 「-으러 가다(오다)/-러 가다(오다) (―しに行く、来る)」

動詞の語幹に語尾「-(으)러」＋「가다/오다」をつけて「―しに行く、来る」のように移動の目的を表します。子音語幹には「-으러」を付け、母音語幹とㄹ語幹には「-러」を付けます。

動詞	子音語幹＋**-으러**	母音語幹、ㄹ語幹＋**-러**
먹다 食べる	**먹으러 가요** 食べに行きます	
보다 見る	**보러 가요** 見に行きます	
놀다 遊ぶ	**놀러 가요** 遊びに行きます	

例 ① 점심을 **먹으러 가요**.
お昼を食べに行きます。

② 영화를 **보러 가요**.
映画を見に行きます。

③ 내일 친구가 집에 **놀러 와요**.
明日友達が家に遊びに来ます。

　なお、日本語の「映画に行く」や「買い物に行く」のように名詞に「-(으)러」を付けることはできません。

10-2 「-으려고 하다/-려고 하다 (―しようとする、―しようと思う)」

　動詞の語幹に語尾「-(으)려고 하다」をつけて「―しようとする、―しようと思う」のように計画や意図を表します。子音語幹には「-으려고」を付け、母音語幹とㄹ語幹には「-려고」を付けます。

動詞	子音語幹＋-으려고	母音語幹、ㄹ語幹＋-려고
읽다 読む	읽으려고 해요 読もうと思います	
사다 買う	사려고 해요 買おうと思います	
만들다 作る	만들려고 해요 作ろうと思います	

例 ① 이제부터 매일 신문을 **읽으려고 해요**.
これから毎日新聞を読もうと思います。

② 여름방학에 수영을 **배우려고 해요**.
夏休みに水泳を習おう思います。

10-3 「-지만 (－だが、－けれど)」

用言の語幹に語尾「-지만」を付けて「－だが、－けれど」のように逆接を表します。過去を表す時は過去形の接尾辞「-았/-었」の後ろに「-지만」を付けます。

例 ① 오다 : 오늘은 눈이 **오지만** 춥지 않아요.
来る ： 今日は雪が降っているが、寒くないです。

② 맵다 : 떡볶이는 **맵지만** 맛있어요.
辛い ： トッポッキは辛いけれど、美味しいです。

③ 입다 : 한복을 처음 **입었지만** 전혀 어색하지 않았어요.
着る ： 韓服を初めて着たけれど、全然ぎこちなさを感じなかったです。

10-4 「-지요(?)/-죠(?) (－ですよね、－でしょう、－でしょ)」

用言の語幹の後ろに「-지요」を付けて、相手に内容を確認や同意を求める表現を作ります。会話には「-지요」の省略形の「-죠」を用いることが多いです。文脈によって文末にイントネーションが変わります。

例 ① 리에 씨는 대학생이**지요**?/대학생이**죠**?
リエさんは大学生ですよね。

② 겨울에는 **춥지요**?/겨울에는 **춥죠**?
冬は寒いでしょ。

③ 이거 얼마**죠**?
これ、いくらですか。

10-5 助詞「-의 (ーの) 」

　助詞「-의」は [-에] と発音します。日本語の「ーの」に当たる助詞ですが、使い方は日本語と少し異なるところがあります。

> 例　① 소설**의** 줄거리 (小説の概略)、한국**의** 강산 (韓国の山河)
> 　　② 책상 × 위 (机の上)、학교 × 앞 (学校の前)

　上記の②のように助詞「-의」は位置関係を表す名詞の前には用いないので注意して下さい。

연습 (練習)

練習1-a　例のように「-(으)러 가요」の形で書いてみましょう。

例 선물을 **사다** プレゼントを買う ⇒	선물을 사러 가요 プレゼントを買いに行きます
① 책을 읽다 本を読む ⇒	
② 서류를 받다 書類を受け取る ⇒	
③ 자전거를 빌리다 自転車を借りる ⇒	
④ 운동하다 運動する ⇒	
⑤ 비누를 만들다 石鹸を作る ⇒	

練習1-b　例のように「-(으)려고 해요」の形で書いてみましょう。

例 여행을 **가다** 旅行に行く ⇒	여행을 가려고 해요 旅行に行こうと思います
① 사진을 찍다 写真を撮る⇒	
② 운전면허를 따다 運転免許を取る⇒	
③ 아르바이트를 하다 アルバイトをする⇒	
④ 저녁을 먹다 夕食を食べる ⇒	
⑤ 그림을 팔다 絵を売る ⇒	

練習2　友達と会話の練習をしてみましょう。

A : 주말에 뭐 해요?
　　週末に何しますか。

B : 쇼핑하러 가요.
　　ショッピング (し) に行きます。

A : 저는 오랜만에 한국 영화를 보려고 해요.
　　私は久しぶりに韓国の映画を見ようと思います。

B : 한국 영화 진짜 재미있죠?
　　韓国の映画本当に面白いでしょ。

A : 네, 정말 장르가 다양해요.
　　はい、本当にジャンルが多様です。

B : 저도 좋아하지만 요즘은 시간이 없어서…
　　私も好きですが、最近は時間がなくて…

練習3　次の文を完成させましょう。

① 내일은 오늘보다 일찍 지하철을 _____
　　明日は今日より早く地下鉄に乗ろうと思います。

② 도서관에 책을 _____
　　図書館に本を借りに行きます。

③ 이 옷 아주 _____ ?
　　この服はとても可愛いでしょ。

④ _____ 좀 비싸요.
　　可愛いけれどちょっと高いです。

練習4　次の文を「해요体」で書いてみましょう。

① 毎週運動をしようと思います。

_____

② コーヒーを飲みに行きます。

③ 電話しましたが、（相手が）受け取らなかったです。

④ キムチは辛いですよね。

表현 응용（表現応用）　本課で覚えた表現を応用してみましょう！

Let's talk!

次の状況に合わせて役割を決め、友達と話してみましょう。

状況

AとBが土曜日に駅で偶然会いました。
・Aは運転免許を取ろうと思っています。免許取得にかかる費用を稼ぐため、
　週末はアルバイトをしています。
・Bは韓国に旅行に行こうと思っています。そのため、週末に韓国人の友達と
　韓国語の勉強をしています。

リエの韓国レポート

◄◄ トッポッキ（떡볶이）►►

　現在食べているピリ辛味のトッポッキは1950年代から韓国人の大衆食文化に関わりを持ち始めたものといわれている。材料は韓国の細長い餅に고추장（唐辛子で作った味噌）をベースにネギや어묵（揚げかまぼこ）などを加えて作る。1950年以降に生まれた韓国人ならだれもが、母に間食として作ってもらったことがあるという。そのような思い出のためなのか、トッポッキは韓国人に好まれるポピュラーな食べ物の一つである。

　ソウルに行ったら新堂洞トッポッキタウン（신당동 떡볶이 타운）に行ってみよう。そこは1950年代から続くトッポッキ屋がずらりと並ぶ有名なところだ。地下鉄2号線か6号線に乗って新堂駅（신당역）で降りて、本場のトッポッキを味わってみて！

第11課

157번 버스를 타세요.

157番のバスに乗ってください。

회화（会話）

[거리에서（街で）]

099

리에 저, 죄송한데요, 롯데 백화점에 어떻게 가요?

남자 저 건너편에서 157번 버스를 타세요.

157번 버스를 타고 청량리역에서 내리면, 바로 앞에

간판이 보여요.

리에 여기서 멀어요?

남자 걸어서 가면 청량리역까지 30분 정도 걸려요.

리에 아, 그래요? 감사합니다.

단어（単語）

죄송한데요	申し訳ありませが　基本形 죄송하다	롯데 백화점	ロッテ百貨店
어떻게	どのように	건너편	向こう側
타세요	乗ってください	청량리	清涼里　地名 (ソウルの東大門区に位置)
역	駅	내리면	降りたら
바로	直ぐ、直ちに	앞	前
간판	看板	보여요	見えます　基本形 보이다
멀어요?	遠いですか　基本形 멀다	걸어서	歩いて　基本形 걷다 (ㄷ不規則)
가면	行ったら	-에서 -까지	〜から 〜まで
걸려요	かかります　基本形 걸리다	아, 어, 어머	あ、あら (感嘆詞)

발음 (発音)	・어떻게[어**떠**케]	・롯데 백화점[**롣떼** 배**콰**점]
	・멀어요[머**러**요]	・걸어서[**거러**서]

＊韓国語母語話者は「버스」を［**뻐**스］のように濃音で発音する傾向があります。

（類似形の事例）　「소주（焼酎）」⇒［**쏘**주］

문법（文法）

11-1 助詞 「~에서 ~까지, ~부터 ~까지 (〜から 〜まで)」

　「~에서 ~까지」と「~부터 ~까지」の日本語訳は両方とも「〜から〜まで」なので使い方に気をつけましょう。

助詞① 「~에서 ~까지 (〜から 〜まで)：場所の起点、空間」

例　① **집에서** 학교**까지** 한 시간 걸려요.
　　家から学校まで1時間かかります。

　② **집에서** 역**까지** 걸어서 가요.
　　家から駅まで歩いて行きます。

助詞② 「~부터 ~까지 (〜から 〜まで)：時、期間、順序の始まりと終わり」

例　① 월요일**부터** 금요일**까지** 시험이 있어요.
　　月曜日から金曜日まで試験があります。

　② 오후 6시**부터** 10시**까지** 아르바이트를 해요.
　　午後6時から10時までアルバイトをします。

11-2 位置名詞＋에

位置名詞に助詞「-에」をつけて位置や場所を表します。：오른쪽에 (右側に)

옆 (隣・そば)　위 (上)　아래/밑 (下・底)　사이 (間)　왼쪽 (左)　뒤 (後ろ)
안/속 (中)　밖 (外)

例 ① 편의점은 은행과 약국 **사이에** 있습니다.
　　コンビニは銀行と薬局の間にあります。

　② 학교 **뒤에** 공원이 있어요.
　　学校の後ろに公園があります。

11-3 丁寧な命令、指示 「-으세요/-세요 (−して下さい)」

　子音語幹には「-으세요」を用い、母音語幹とㄹ語幹には「-세요」を用いて、丁寧な命令や指示を表します。

子音語幹 + **으세요**	母音語幹、ㄹ語幹 + **세요**
찾다 探す → **찾으세요**	**내리**다 降りる → **내리세요**
읽다 読む → **읽으세요**	**가**다 行く → **가세요**
앉다 座る → **앉으세요**	**타**다 乗る → **타세요**
듣다 聞く → **들으세요** (ㄷ不規則)	**놀**다 遊ぶ → **노세요** (ㄹ脱落)
씻다 洗 う → **씻으세요**	**하**다 する → **하세요** (하다 動詞)

例 ① **보**다 見る : 여기를 보**세요**.
　　こちらを見てください。

　② **읽**다 読む : 크게 읽**으세요**.
　　大きく読んで下さい。

11-4 条件、仮定 「-으면/-면 (−ば、−たら、−と)」

　子音語幹には「-으면」、母音語幹とㄹ語幹には「-면」をつけて条件や仮定を表します。

子音語幹 + **으면**	母音語幹、ㄹ語幹 + **면**
먹다 食べる → **먹으면** 食べたら	**가**다 行く → **가면** 行ったら
읽다 読む → **읽으면** 読んだら	**보**다 見る → **보면** 見たら
찾다 探す → **찾으면** 探したら	**타**다 乗る → **타면** 乗ったら
웃다 笑う → **웃으면** 笑ったら	**끝나**다 終わる → **끝나면** 終わったら

걷다 歩く →	걸으면 歩いたら (ㄷ不規則)	만들다 作る →	만들면 作ったら

例　① **오다** 来る： 눈이 **오면** 지하철을 타요.　
　　　　　雪が降ったら地下鉄に乗ります。

　② **받다** もらう、受け取る： 월급을 받**으면** 엄마에게 선물을 하고 싶어요.
　　　　　給料をもらったら母にプレゼントをしたいです。

11-5 「ㄷ」不規則活用

「ㄷ」不規則活用とは、「ㄷ」語幹の後に母音で始まる語尾や接辞尾「-아요/-어요, -으면, -았/-었」などがくる場合、「ㄷ」が脱落して「ㄹ」が添加される規則を指します。

묻다 尋ねる	물어요 尋ねます	물었어요 尋ねました	물으면 尋ねたら
듣다 聞く	들어요 聞きます	들었어요 聞きました	들으면 聞いたら

例　① **싣다** 積む、載せる： 아버지가 차에 짐을 **실어요**.　
　　　　　　　父が車に荷物を載せます。

　② **걷다** 歩く： 저녁 식사후 30분 정도 **걸어요**.
　　　　　　夕食後30分程度歩きます。

　なお、語幹が「ㄷ」の用言であっても、下の例のように通常の活用をする用言もあるので、注意して覚えてください。

> **規則活用の「ㄷ」用言の例**
> ① **믿다** 信じる / **믿어요** 信じます/ **믿었어요** 信じました
> ② **받다** 受け取る / **받아요** 受け取ります/ **받았어요** 受け取りました
> ③ **닫다** 閉める / **닫아요** 閉めます/ **닫았어요** 閉めました
> ④ **묻다** 埋める / **묻어요** 埋めます/ **묻었어요** 埋めました
> 注：「尋ねる」を表す「묻다」と区別して下さい。묻다 (尋ねる) は「ㄷ」不規則活用になります。

연습（練習）

練習1　例のように「-으세요/-세요」の形で書いてみましょう。

例 버스를 **타다** バスに**乗る** ⇒	버스를 **타세요** バスに**乗って下さい**
① 여기를 **보다** ここを見る ⇒	
② 모자를 **벗다** 帽子を脱ぐ ⇒	
③ 천천히 **걷다** ゆっくり歩く ⇒	
④ 손을 **씻다** 手を洗う ⇒	
⑤ 복습을 **하다** 復習をする ⇒	

練習2　友達と会話の練習をしてみましょう。　 107

A : 몇 분이에요?
　　何名様ですか。

B : 네 명이에요.
　　4名です。

A : 이쪽으로 오세요.
　　こちらに来て下さい。

B : 좀 넓은 자리 있어요?
　　ちょっと広い席ありますか。

A : 그럼 저쪽 창가에 앉으세요.
　　では、あそこの窓際に座ってください。

B : 네, 감사합니다.
　　はい、ありがとうございます。

練習3　次の文を「-으면/-면」を入れて完成させましょう。

① 운동을 ＿＿＿＿＿＿＿ 건강에 좋아요.
　　運動をすると健康に良いです。

② 유럽에 ＿＿＿＿＿＿＿＿＿ 사진을 많이 찍고 싶어요.

ヨーロッパに行ったら写真をたくさん撮りたいです。

③ 외국어는 단어를 많이 ＿＿＿＿＿＿＿＿ 이해하기가 쉬워요.

外国語は単語をたくさん知ったら理解しやすいです。

④ 내일 날씨가 ＿＿＿＿＿＿＿ 등산을 가요.

明日天気が良ければ登山に行きます。

練習4　次の文を韓国語で書いてみましょう。

① 139番バスに乗ってください。

＿＿＿＿＿＿＿＿＿＿＿＿＿＿＿＿＿＿＿＿＿＿＿＿＿＿＿＿

② ここではゆっくり歩いて下さい。

＿＿＿＿＿＿＿＿＿＿＿＿＿＿＿＿＿＿＿＿＿＿＿＿＿＿＿＿

③ 午前10時から午後3時までアルバイトをします。

＿＿＿＿＿＿＿＿＿＿＿＿＿＿＿＿＿＿＿＿＿＿＿＿＿＿＿＿

④ 家から駅までどのように行きますか。

＿＿＿＿＿＿＿＿＿＿＿＿＿＿＿＿＿＿＿＿＿＿＿＿＿＿＿＿

표현 응용（表現応用）　本課で覚えた表現を応用してみましょう！

次の状況に合わせて役割を決め、友達と話してみましょう。

状況　尋ねてみましょう！
・Aは명동 롯데백화점（明洞ロッテ百貨店）に行きたいけれど、行き方がよくわかりません。
・Bは강남 아트센터（江南アートセンター）に行きたいけれど、行き方がよくわかりません。

目的地	명동 롯데백화점 (明洞ロッテ百貨店)	강남 아트센터 (江南アートセンター)
現在地	종로 (鐘路)	명동 (明洞)
行く方法	163番バスに乗って [ロッテ百貨店前 (롯데백화점 앞)] で降りる。	147番バスに乗って [驛三洞 (역삼동)] で降りる。
所要時間	約25分	約40分

第12課

여기서 경복궁에 갈 수 있어요?

ここから景福宮に行けますか。

회화 (会話)

[명동역에서 (明洞駅で)] 108

리에 저, 여기서 경복궁에 갈 수 있어요?

여자 아, 경복궁이요? 음… 거기는 3호선을 타야 돼요.

리에 그럼 여기서는 못 가요?

여자 아니요. 일단 여기서 지하철로 충무로역까지 가세요.

그리고 거기서 대화행 3호선으로 갈아타세요.

리에 충무로역이요? 감사합니다.

단어 (単語)

경복궁	景福宮	갈 수 있어요?	行けますか
3호선	3号線	타야 돼요	乗らなければいけません
못	前置否定 (不可能)	일단	とりあえず
지하철	地下鉄	충무로	忠武路　地名 (ソウル中区に位置)
그리고	そして	대화행	大化行き　「大化」は地名 (京畿道高陽市に位置)
갈아타세요	乗り換えてください 基本形 갈아타다		

 109

 발음 (発音)
- 경복궁[**경복꿍**]　· 3호선[**사모선**]　· 갈아타세요[**가라**타세요]　· 못[**몯**]
- 일단 [일**딴**]　· 갈 수 있어요[갈 **쑤 이써**요]

문법（文法）

12−1 助詞「-으로/-로（ーへ、ーで、ーとして）」

助詞「-(으)로」には、方向（ーへ）、材料・道具・手段（ーで）、資格（ーとして）という多様な意味があります。名詞の終声が子音の場合は「-으로」、名詞の終声が母音とㄹの場合は「-로」を用います。

> | | | |
> |---|---|---|
> | | 名詞の終声が子音の場合（バッチムあり） | → **으로** |
> | **-(으)로** | 名詞の終声が母音の場合（バッチムなし） | → **로** |
> | | 名詞の終声がㄹの場合 | → **로** |

例 ① 연필**로** 써요.　鉛筆で書きます。 🔊 110

② 버스**로** 학교에 가요.　バスで学校へ行きます。

③ 한국인은 숟가락**으로** 밥을 먹어요.
韓国人は スプーンでご飯を食べます。

④ 학교까지 전철**로** 얼마나 걸려요?
学校まで電車でどのくらいかかりますか。

⑤ 도쿄에서 나고야까지 신칸선**으로** 가요.
東京から名古屋まで新幹線で行きます。

⑥ **걸어서** 가요.　歩いて（＊徒歩で）行きます。

⑦ 저쪽**으로** 가세요.　あちらへ行ってください。

⑧ 남동생은 병원에서 인턴**으로** 일해요.
弟は病院でインターンとして働いてます。

12−2 可能　「-을 수 있다/-ㄹ 수 있다（ーすることができる）」
不可能「-을 수 없다/-ㄹ 수 없다（ーすることができない）」

子音語幹には「-을 수 있다, 없다」を用い、母音語幹とㄹ語幹には「-ㄹ 수 있다, 없다」を用いて可能、不可能を表します。

子音語幹＋을 수 있어요, 없어요	母音語幹、ㄹ語幹＋ㄹ 수 있어요, 없어요
먹다 → **먹을 수** 있어요, 없어요 食べる → 食べられます、食べられません	**사다** → **살 수** 있어요, 없어요 買う → 買えます、買えません
찾다 → **찾을 수** 있어요, 없어요 探す → 探せます、探せません	**가다** → **갈 수** 있어요, 없어요 行く → 行けます、行けません
읽다 → **읽을 수** 있어요, 없어요 読む → 読めます、読めません	**열다** → **열 수** 있어요, 없어요 開ける → 開けます、開けられません

例 ① 여기서는 사진을 찍**을 수 없어요**.
　　ここでは写真を撮ることができません。

② 피아노를 **칠 수 있어요**.　ピアノを弾けます。

③ 케이크를 만**들 수 있어요**.　ケーキを作れます。

> ＊「ㄹ」省略：ㄹ語幹の後にㄹから始まる語尾が付くとパッチムの「ㄹ」が
> 重なるので、一個は省略して書きます。

12-3 「-아야 되다(하다)/-어야 되다(하다) (ーしなければならない)」

　用言の語幹について必要（強調）や義務であることを表します。語幹が陽母音の場合は「-아야」、語幹が陰母音の場合は「-어야」が付きます（＝連用形＋「-야」）。「되다」の代わりに「하다」を用いることもできます。

例 ① 일어나다 (起きる)
　　내일은 일찍 일어**나야 돼요**.　明日は早く起きなければいけません。

② 입다 (着る)
　　오늘은 정장을 입**어야 돼요**.　今日はスーツを着なければいけません。

③ 타다 (乗る)
　　9시에 비행기를 **타야 해요**.　9時に飛行機に乗らなければいけません。

12-4 前置否定 「못」

　主に動詞の前に置かれて、ある行為を行う能力がないことを表します。

가요 行きます →	**못** 가요 行けません
사요 買います →	**못** 사요 買えません
마셔요 飲みます →	**못** 마셔요 飲めません
읽어요 読みます →	***못** 읽어요 [몬닐거요] 読めません
해요 します →	**못** 해요 [모태요] できません

＊「못 읽어요」の発音は「몬닐거요」と「모딜거요」どちらでもかまいません。なお、「名詞＋하다」
で合成された動詞の場合は「하다」の前に「못」がくるので、注意して下さい。

> 例 요리하다／노래하다
> (○) 요리를 **못** 해요. (料理ができません。) / (×) **못** 요리해요.
> (○) 노래를 **못** 해요. (歌うことができません。) / (×) **못** 노래해요.

연습（練習）

練習1-a　例のように「못」の形で書いてみましょう。

例 친구를 **만나다** 友達に**会う** ⇒	친구를 **못** 만나요 友達に**会えません**
① 피아노를 치다 ピアノを弾く ⇒	
② 회를 먹다 刺身を食べる ⇒	
③ 수영하다 水泳する ⇒	
④ 파티에 가다 パーティーに行く ⇒	

練習1-b　例のように「-을 수 있다(없다)/-ㄹ 수 있다(없다)」の形で書いてみましょう。

例 친구를 **만나다** 友達に**会う** ⇒	친구를 **만날 수 있어요** 友達に**会えます**
① 와인을 마시다 ワインを飲む ⇒	
② 회를 먹다 刺身を食べる ⇒	

例 선물을 **사다** プレゼントを買う ⇒	선물을 **살 수 없어요** プレゼントを買えません
③ 신문을 읽다 新聞を読む ⇒	
④ 혼자서 살다 一人で暮らす ⇒	

練習2　友達と会話の練習をしてみましょう。 113

A : 주말에 동아리 파티에 가요?
週末にサークルのパーティーに行きますか。

B : 아뇨, 저는 일이 있어서 **못** 가요.
いいえ、私は仕事があって行けません。

　수지 씨는 파티에 **갈 수 있어요**?
スジさんはパーティーに行けますか。

A : 아뇨, 저도 **못** 가요.
いいえ、私も行けません。

B : 왜요? 무슨 일 있어요?
なぜですか。何かありますか。

A : 네, 주말에 이사를 **해야 돼요**.
はい、週末に引っ越しをしなければいけません。

練習3　次の会話を完成させましょう。

A : 여기서 충무로역에 _____
ここから忠武路駅に行けますか。

B : 동대문역에서 4호선으로 _____
東大門駅で4号線に乗り換えなければいけません。

A : _____
東大門駅ですか。

B : 네, 건너편에서 _____
はい、向こう側で乗ってください。

練習4 次の文を韓国語で書いてみましょう。

① ここで3号線に乗り換えてください。

....

② ここで降りなければいけません。

....

③ パーティーに行けます。

....

④ 料理ができません（못　否定）。

....

 표현 응용（表現応用） 本課で覚えた表現を応用してみましょう！

Let's talk! 次の状況に合わせて役割を決め、友達と話してみましょう。

> **状況**
> 国立博物館（국립박물관）に行くためには地下鉄の4号線（지하철 4호선）の二村駅（이촌역）で降ります。しかし、それを知らずに地下鉄の2号線に乗ってしまいました。隣の人に尋ねてみましょう。尋ねられた人は、舎堂駅（사당역）で2号線から4号線に乗り換えることができることを教えてあげましょう。

リエの韓国レポート

▶◀ 地下鉄ギャラリー（지하철 갤러리）▶◀

　韓国の都会に住む大半の人は毎日、地下鉄を利用している。特にソウル（首都圏）の地下鉄の便利さや空間活用は外国人に高い評価を得ている。地下鉄の駅には多様なジャンルの芸術作品が展示されている。路線図を手にしたら、地下鉄ギャラリーを巡って作品を鑑賞してみよう。訪問駅をチェックした路線図は、旅の記念になるはず。ソウルに行ったら次に紹介する駅を訪ねて、地下鉄ギャラリー巡りをしてみるのもよい。【광화문역, 왕십리역, 천호역, 잠실역, 어린이대공원역, 태릉입구역, 화랑대역, 동묘앞역, 약수역, 삼각지역, 공덕역, 월드컵경기장역, 연신내역, 여의도역, 영등포시장역, 양평역…】
　時間があったら、もっと個性的な地下鉄ギャラリーを探してみて！

第13課

콘서트에 같이 갈까요?
コンサートに一緒に行きましょうか。

회화（会話）

수지 리에 씨, 우리 신인 아이돌 콘서트에 같이 갈까요?

리에 가고 싶네요. 근데 저는 티켓이 없어요.

수지 제가 이번 주 일요일 콘서트 표를 2장 구했어요.

리에 어머! 정말요? 같이 가요. 그럼 어디에서 만날까요?

수지 지하철 홍대입구역에서 봐요.

리에 알겠어요. 그날 홍대입구역 개찰구에서 만나요!

생각만 해도 너무 기뻐요!

단어（単語）

콘서트	コンサート	신인 아이돌	新人アイドル
같이	一緒に	갈까요?	行きましょうか　基本形 가다
티켓	切符、チケット 「표」とも言う	구하다	手に入る 「探す、募集する」の意味もある
만날까요?	会いましょうか　基本形 만나다	홍대입구	弘大入り口　弘大：弘益大学の省略
알겠어요	わかりました	그날	その日
개찰구	改札口	생각만 해도	考えるだけでも
너무	あまりに、とても	기뻐요!	嬉しいです　基本形 기쁘다

발음（発音） ・신인[시닌]　・같이[가치]　・입구[입꾸]

文법（文法）

13-1 提案、勧誘 「-을까요?/-ㄹ까요? (一しましょうか)」

> 子音語幹（用言の語幹が子音で終わる）+ **을까요?**
> 母音語幹（用言の語幹が母音で終わる）+ **ㄹ까요?**
> ㄹ語幹（用言の語幹がㄹで終わる）+ **ㄹ까요?** (ㄹ省略)

例 ① 먹다 (食べる) : 먹 + **을까요?** ⇒ 116
비빔밥을 **먹을까요?**　ビビンパを食べましょうか。

② 보다 (見る) : 보 + **ㄹ까요?** ⇒
영화를 **볼까요?**　映画を見ましょうか。

③ 놀다 (遊ぶ) : 놀 + **ㄹ까요?** ⇒
내일 같이 **놀까요?**　明日一緒に遊びましょうか。

13-2 提案、勧誘 「-읍시다/-ㅂ시다 (一しましょう)」

> 子音語幹（用言の語幹が子音で終わる）+ **읍시다**
> 母音語幹（用言の語幹が母音で終わる）+ **ㅂ시다**
> ㄹ語幹（用言の語幹がㄹで終わる）　+ **ㅂ시다** (ㄹ脱落)

例 ① 먹다 (食べる) : 먹 + **읍시다** ⇒ 🔊 117
비빔밥을 **먹읍시다** (먹어요). ビビンパを食べましょう。

② 보다 (見る) : 보 + **ㅂ시다** ⇒
영화를 **봅시다** (봐요). 映画を見ましょう。

③ 놀다 (遊ぶ) : 놀 + **ㅂ시다** ⇒
내일 같이 **놉시다** (놀아요). 明日一緒に遊びましょう。

＊「-읍시다/-ㅂ시다」の場合は、「해요」体が同じ意味でよく使われるので、一緒に覚えましょう。
「해요」体は、「平叙文、疑問文、命令文 (命令、勧誘)」形が同じなので意味に注意しましょう。

연습 (練習)

練習1　次の用言を「-을까요?/-ㄹ까요?」と「-읍시다/-ㅂ시다」の形で書いてみましょう。

입다 着る	입을까요?	입읍시다
앉다 座る		
찍다 撮る		
찾다 探す		
읽다 読む		
보다 見る		
시키다 注文する		
사다 買う		
마시다 飲む		
만들다 作る		
배우다 学ぶ		
기다리다 待つ		
게임(을) 하다 ゲームをする		

練習2 次の文を完成させましょう。

① 책을 _____

本を読みましょうか。

② 밖에 나가서 _____

外に出て遊びましょう。

③ 카페에서 _____

カフェで待ちましょうか。

④ 내일 _____

明日一緒にゲームしましょう。

⑤ 뭘 _____

何を注文しましょうか。

練習3 例のように次の会話文を完成させましょう。

例 A: 같이 영화(를) **볼까요?**

B: 네, 같이 영화(를) **봅시다/봐요 (보다).**

① A: 여기에 _____ ?

B: 네, 여기에 _____ / _____ (앉다)

② A: 내일 같이 _____ ?

B: 네, 같이 _____ / _____ (놀다)

③ A: 우리 한복을 _____ ?

B: 네, 같이 한복을 _____ / _____ (입다)

④ A: 한국 요리를 _____ ?

B: 네, 같이 요리를 _____ / _____ (만들다)

⑤ A: 내일 술을 _____ ?

B: 네, 같이 술을 _____ / _____ (마시다)

練習4 次の文を韓国語で書いてみましょう。

① 韓国語を勉強しましょう。

  _____

② 一緒にのり巻きを作りましょうか。

  _____

③ コーヒーを飲みましょう。

  _____

④ 午後にゲームをしましょうか。

  _____

練習5 下記の語群を使って例のように会話を作ってみましょう。

> 例 A : 우리 같이 식사할까요?   식사하다
>   B : **네, 좋아요. 같이 식사해요.**   (○) **네, 좋아요**
>   A : 우리 같이 식사할까요?   식사하다
>   B : **미안해요. 다음에 같이 해요.** (×) **미안해요**

> **語群**
> 영화를 보다 映画を見る   한국에 가다 韓国に行く   운동하다 運動する
> 다음에 今度   식사하다 食事する   네, 좋아요 はい、いいです
> 음악을 듣다 音楽を聞く   등산을 가다 登山に行く   피자를 먹다 ピザを食べる
> 미안해요 ごめんなさい

Let's
talk!

次の状況に合わせて役割を決め、友達と話してみましょう。

状況

　誕生日に母からミュージカル「팬텀（ファントム）」のチケットを 2 枚貰いました。そのミュージカルは私が前からすごく見たかった作品だったので、とても嬉しかったです。今日は友達に会うので、誘ってみようと思います。友達もミュージカルが好きなので、お互いの都合さえ合えば一緒に行けると思います。公演は、来週の月曜日の夜 7 時です。場所は、大学路（대학로）にある劇場なので地下鉄 4 号線の恵化駅（혜화역）で降りたらよいと思います。

먼저 이 사진부터 볼게요.

まず、この写真から見ます。

회화 (会話)

[유실물 센터에서 (遺失物センターで)]

 118

직원 안녕하세요. 뭘 도와 드릴까요?

리에 저, 어제 지하철 2호선에 가방을 두고 내렸어요.

직원 이쪽에 오늘 아침에 찍은 2호선 유실물 사진이 있습니다.

리에 아, 그래요? 감사합니다.

직원 사진은 홈페이지에서도 볼 수 있어요.

리에 먼저 이 사진부터 볼게요.

단어 (単語)

먼저	まず、先に	볼게요	見ます
유실물	遺失物	두고 내렸어요	置き忘れました　基本形 두고 내리다
가방	カバン	도와 드릴까요?	お手伝いしましょうか　基本形 도와 드리다
오늘 아침	今朝	찍은	撮った
홈페이지	ホームページ	-에서도	ーでも

 119

발음 (発音)　• 볼게요[볼**께**요]　• 찍은[**찌**근]　• 내렸어요[내**려**써요]

*多数の韓国語母語話者は「내렸어요」を [내**렫**써요] に近い発音をします。

문법（文法）

14−1 意志、約束「-을게요/-ㄹ게요（−します）」

　自分の意志や聞き手に対して約束を表します。子音語幹には「-을게요」を用い、母音語幹とㄹ語幹には「-ㄹ게요」を用います。

子音語幹 + **-을게요**	母音語幹、ㄹ語幹 + **-ㄹ게요**
읽다 読む → **읽을게요**	**하**다 する → **할게요**
먹다 食べる → **먹을게요**	**내리**다 降りる → **내릴게요**
받다 受ける → **받을게요**	**주**다 あげる → **줄게요**
듣다 聞く → **들을게요**（ㄷ不規則）	**걸**다 かける → **걸게요**

例　① **먹**다 （食べる）　：앞으로 아침은 꼭 먹을게요.　🔊 120
　　　　　　　　　　　　これから朝食は必ず食べます。

　　② **내리**다 （降りる）：여기서 내릴게요.
　　　　　　　　　　　　ここで降ります。

　　③ **걸**다 （かける）　：주말에 전화 걸게요.
　　　　　　　　　　　　週末に電話をかけます。

14−2 動詞の連体形の過去形 「-은/-ㄴ」

　動詞の語幹に「-은/-ㄴ」をつけて、日本語の「−した−」のように連体形を作り、既に実現した行為や変化を表します。

子音語幹 + **은**	母音語幹 + **ㄴ**	ㄹ語幹 + **ㄴ**（ㄹ脱落）	日本語
먹다 （食べる）→ **먹은**	**오**다 （来る）→ **온**	**울**다 （泣く）→ **운**	−（し）た…

例　① **사**다 （買う）　：어제 **산** 치마　🔊 121
　　　　　　　　　　昨日買ったスカート

　　② **받**다 （もらう）：생일에 **받은** 선물
　　　　　　　　　　誕生日にもらったプレゼント

③ **만들다** (作る)：엄마가 **만든** 샐러드예요. (ㄹ脱落)
母が作ったサラダです。

14−3 動詞の連体形の現在形 「-는」

動詞の語幹に「-는」をつけて、日本語の「ーする、ーしている」のように連体形を作り、現在行われている、もしくは存在している事柄を表します。

母音語幹・子音語幹 ＋ -는	ㄹ語幹＋ -는 (ㄹ脱落)

例 ① **읽다** (読む)：책을 **읽는** 학생　　　🔊 122
本を読む学生

② **사다** (買う)：꽃을 **사는** 사람
花を買う人

③ **울다** (泣く)：**우는** 아이 (ㄹ脱落)
泣く子供

연습 (練習)

練習1　例のように「-을게요/-ㄹ게요」形で書いてみましょう。

例 맛있게 **먹다** 美味しく**食べる** ⇒	맛있게 **먹을게요** 美味しく**食べます**
① 일찍 자다 早く寝る ⇒	
② 예약하다 予約する ⇒	
③ 메일을 쓰다 メールを書く ⇒	
④ 전화를 걸다 電話をかける ⇒	
⑤ 내일 가다 明日行く ⇒	

練習2　友達と会話の練習をしてみましょう。　　🔊 123

A: 리에 씨, 오늘 저녁 식사는 뭐로 할까요?

リエさん、今日の夕食は何にしましょうか。

B : 아까 얘기한 한정식으로 할게요.
さっき話した韓定食にします。

A : 그래요? 그럼 그 식당에 예약할게요.
そうですか。では、その食堂に予約します。

B : 식사 후에 지난번에 간 공원에 가고 싶어요.
食後に前回行った公園に行きたいです。

練習3　次の文を完成させましょう。

① 어제 지하철 2호선에 ＿＿＿＿＿＿＿＿＿＿＿＿ 우산을 찾으러 왔어요.
昨日地下鉄2号線に置き忘れた傘を探しに来ました。

② 지난주에 ＿＿＿＿＿＿＿＿ 영화가 재미있었어요.
先週見た映画が面白かったです。

③ 날씨가 좋아서 사진을 ＿＿＿＿＿＿＿＿ 사람이 많아요.
天気が良いので写真を撮る人が多いです。

④ 저 공원에서 ＿＿＿＿＿＿＿ 아이가 제 남동생이에요.
あの公園で遊んでいる子どもが私の弟です。

練習4　次の文を韓国語で書いてみましょう。

① 昨日地下鉄の2号線に帽子を置き忘れました。

＿＿＿＿＿＿＿＿＿＿＿＿＿＿＿＿＿＿＿＿＿＿＿＿＿

② ここで探します。

＿＿＿＿＿＿＿＿＿＿＿＿＿＿＿＿＿＿＿＿＿＿＿＿＿

③ これは誕生日にもらった帽子です。

＿＿＿＿＿＿＿＿＿＿＿＿＿＿＿＿＿＿＿＿＿＿＿＿＿

④ ショッピングする人が多いです。

＿＿＿＿＿＿＿＿＿＿＿＿＿＿＿＿＿＿＿＿＿＿＿＿＿

표현 응용 (表現応用)　本課で覚えた表現を応用してみましょう！

Let's talk!

次の状況に合わせて役割を決め、友達と話してみましょう。

> **状況**
>
> 昨日家族のプレゼントを買いに仁寺洞 (인사동) に行きました。帰りにうっかりして地下鉄の3号線にスカーフを置き忘れました。そのため、今日遺失物センターに来ました。

リエの韓国レポート

◄ Mobile-Tmoney (모바일 티머니) ►

　Mobile-Tmoneyとは、どこでも簡単に支払できる韓国の決済方法である。韓国では大半の人が Tmoney を利用している。元々は交通カードで使用されていたシステムだったが、携帯電話で使用できるようになった。Tmoneyのチャージは Tmoneyステッカーがあるコンビニや地下鉄駅、Tmoney 提携のATMなどで簡単にできる。詳しいことはインターネットで調べられるので、韓国に留学したら試してみよう。

［駅構内］

①ロッカー

②切符販売機

③お客様センター（遺失物センター）

친구들이랑 노래방에 갈 거예요.

友達とカラオケに行くつもりです。

회화 (会話)

[전화통화 (電話で)]

수지 여보세요? 리에 씨, 오늘 시간 있어요?

리에 무슨 재미있는 일이라도 있어요?

수지 친구들이랑 노래방에 갈 거예요. 리에 씨도 같이 가요.

리에 우와, 정말요? 갈게요. 요즘 K-트로트도 가끔 들어요.

수지 그래요? 그럼 혹시 '테스 형' 알아요?

리에 요즘 유행하는 노래예요?

수지 네, 유명한 가수의 노래예요.

색다른 가사 때문에

지금 굉장히 인기예요.

단어 (単語)

여보세요?	もしもし	시간	時間
재미있는 일	おもしろいこと	갈 거예요	行くつもりです
K-트로트	K-トロット　韓国の大衆歌謡	가끔	たまに
유행하는	流行の　基本形 유행하다	색다른	風変わりの
가사	歌詞	무슨	どんな
굉장히	ものすごく		

발음 (発音)　•색다른[색따른]　•갈 거예요[갈 꺼예요]　•굉장히 [굉장이]

문법（文法）

15−1 予定、意志、推測 「-을 거예요/-ㄹ 거예요（−するつもりです）」

用言の語幹について「−するつもりです、−するでしょう」といった予定や意志、並びに推測を表します。子音語幹に「-을 거예요」が付き、母音語幹と ㄹ 語幹には「-ㄹ 거예요」が付きます。

子音語幹 ＋ 을 거예요	母音語幹、ㄹ語幹 ＋ ㄹ 거예요
먹다 食べる → 먹을 거예요	사다 買う → 살 거예요
읽다 読む → 읽을 거예요	자다 寝る → 잘 거예요
입다 着る → 입을 거예요	팔다 売る → 팔 거예요 (ㄹ省略)

例 ① 먹다 (食べる) 　앞으로 아침은 꼭 **먹을 거예요**.
　　　　　　　　　　これから朝食は必ず食べるつもりです。　　🔊 126

　 ② 내리다 (降りる)　여기서 **내릴 거예요**.
　　　　　　　　　　ここで降ります。

　 ③ 팔다 (売る)　　오늘은 책을 **팔 거예요**. (ㄹ省略)
　　　　　　　　　　今日は本を売るつもりです。

15−2 連体形「-은/-ㄴ（形容詞）」、「-ㄴ（指定詞）」、「-는（存在詞）」

形容詞の語幹に「-은/-ㄴ」をつけて「−な、−の」といった物事の状態を表します。子音語幹に「-은」が付き、母音語幹と ㄹ 語幹には「-ㄴ」が付きます。指定詞「-이다」は「인」、存在詞の語幹には「-는」を用います。

形容詞	指定詞	存在詞
작다 小さい → **작은**	-이다 −だ → **-인**	있다 ある → **있는**
크다 大きい → **큰**	학생이다 学生だ → **학생인**	없다 ない → **없는**
길다 長い → **긴** (ㄹ脱落)	친구이다 友達だ → **친구인**	

なお、「재미있다 おもしろい、재미없다 おもしろくない」は形容詞ですが、連体形は存在詞と同じく語幹に「-는」を用います。同様に「있다」の合成用言の「맛있다 おいしい」や「멋있다 素敵だ」などは形容詞でありながら、連体形は存在詞と同じ形を取るので注意してください。

例 ① **예쁘다** (可愛い)　**예쁜** 원피스 127
可愛いワンピース

② **많다** (多い)　친구가 **많은** 사람
友達が多い人

③ **멀다** (遠い)　집이 **먼** 사람은 제 차를 타세요. (ㄹ脱落)
家が遠い人は私の車に乗ってください。

④ **친구이다** (友達だ)　제 **친구인** 리에 씨예요.
私の友達のリエさんです。

⑤ **없다** (ない)　오늘은 수업이 **없는** 날
今日は授業のない日

연습 (練習)

練習1　例のように「-을 거예요/-ㄹ 거예요」の形で書いてみましょう。

例 친구를 **만나다** 友達に会う ⇒	친구를 **만날 거예요** 友達に会うつもりです
① 여행을 가다 旅行に行く ⇒	
② 책을 읽다 本を読む ⇒	
③ 케이크를 만들다 ケーキを作る ⇒	
④ 메일을 확인하다 メールを確認する ⇒	
⑤ 옷을 사다 服を買う ⇒	

練習2　友達と会話の練習をしてみましょう。　128

A : 수업이 끝나면 뭐 할 거예요?
授業が終わったら何をする予定ですか。

B : 친구를 만날 거예요. 지우 씨는요?
友達に会うつもりです。チウさんは？

A : 오늘은 숙제가 많은 날이어서 도서관에 갈 거예요.
今日は宿題が多い日なので、図書館に行くつもりです。

B: 그래요? 저는 오늘이 숙제가 가장 적은 날이에요.
そうですか。私は今日が宿題の最も少ない日です。

練習3　次の文を完成させましょう。

① 오늘은 코트를 ＿＿＿＿＿＿＿＿＿＿＿＿＿.
今日はコートを着るつもりです。

② 겨울방학에 한국에 ＿＿＿＿＿＿＿＿＿＿＿＿.
冬休みに韓国に行くつもりです。

③ ＿＿＿＿＿＿＿＿＿ 방으로 부탁해요.
広い部屋でお願いします。

④ ＿＿＿＿＿＿＿＿＿ 약이 몸에 좋아요.
苦い薬が体に良いです。

> **単語**
>
> 넓다 広い　　좁다 狭い　　쓰다 苦い　　달다 甘い　　일어나다 起きる
> 짧다 短い　　적다 少ない　　맛있다 美味しい

練習4　次の文を韓国語で書いてみましょう。

① 明日は早く起きるつもりです。

＿＿＿＿＿＿＿＿＿＿＿＿＿＿＿＿＿＿＿＿＿

② 短いコートを買うつもりです。

＿＿＿＿＿＿＿＿＿＿＿＿＿＿＿＿＿＿＿＿＿

③ 今日は韓国語を勉強するつもりです。

＿＿＿＿＿＿＿＿＿＿＿＿＿＿＿＿＿＿＿＿＿

④ 美味しいケーキを作るつもりです。

＿＿＿＿＿＿＿＿＿＿＿＿＿＿＿＿＿＿＿＿＿

Let's
talk!

次の状況に合わせて役割を決め、友達と話してみましょう。

状況

・Aは冬休みに友達とソウルに行くつもりです。

（美味しいものを食べて観光をし、短い、長いスカートや可愛い靴などを買う予定）

・Bは冬休みに友達と京都に行くつもりです。

（甘い和菓子、美味しいケーキ、抹茶アイスなどを食べて見物をする予定）

リエの韓国レポート

◄◄ K-Trot （트로트/トロット） ►►

　トロットは韓国の音楽ジャンルの一つで定型化されたリズムに既存の東洋伝統の音楽とアメリカやヨーロッパの多様な音楽が混じって生まれたといわれている。トロットは1920年代に韓国の歌謡として生まれ、韓国の大衆文化に大きな影響を及ぼした。トロットは長い間、中高年代に好まれてきた。最近、若い世代にトロットブームが起こり、トロットのオーディションプログラムに、有名なK-POPのアイドル歌手がしばしば登場する。トロットを聞きながら韓国の大衆文化により深く浸ってみよう！

☆単語を選んで7文以上作ってみましょう。最も正確で速い人はだれでしょう！

생일파티가　　옷을　　몇 번이에요?　　　　　내리면

뭘　　찾아요?　찍어요.　라이브 카페

먹어요.　보러 가요.　　그쪽으로

사러 가요.

노래해요?　사진을　어디예요?

점심을　좋죠?　있어요.　<u>트로트</u>

친구랑　볼게요.　컴퓨터로　감사합니다

콘서트　같이　혼자서　신촌에

만나요.　영화를　갈까요?　좋아해요?

여기서　학교에서　전화　공원이

보여요　해 주세요.　쇼핑해요.

이태원　쇼핑　내일은　역에서

안내　도서관에　타세요.　오늘은

알아요?　번호　갈게요.　가요.

못 가요?　교실　백화점에서

멀어요?　명

인터넷으로 검색해 보세요.

インターネットで検索してみてください。

회화 (会話)

[카페에서 (カフェで)]

수지 리에 씨, 아까부터 뭘 그렇게 찾아요?

리에 명함이요. 일본 친구한테 맛집 명함을 받았어요.

수지 그래요? 시간 많으니까 천천히 찾아 보세요.

　　　근데 무슨 요리예요?

리에 치즈 퐁닭이요. 수지 씨, 먹어 봤어요?

수지 네, 요즘 인기예요. 그 맛집 주소 기억해요?

리에 장소는 기억이 안 나고, 식당 이름이…

수지 혹시 이름을 알면 지금

　　　인터넷으로 검색해 보세요.

단어 (単語)

검색해 보세요	検索してみてください	아까부터	さっきから
명함	名刺	많으니까	たくさんあるから
천천히	ゆっくり	찾아 보세요	探してみてください
무슨 요리	どんな料理	치즈 퐁닭	チーズポンダク (料理名) 鶏肉をチーズフォンデュで食べる料理
먹어 봤어요?	食べてみましたか　基本形 먹어 보다	주소	住所
기억해요?	覚えていますか　基本形 기억하다	식당	食堂
이름	名前	알면	知れば、わかれば　基本形 알다

| 발음
(発音) | ・많으니까[**마느니까**]
・치즈 퐁닭[치즈 **퐁닥**]
・기억해요[기**어캐**요] | ・천천히[천**처니**]
・먹어 봤어요[**머거 봐써**요]
・검색해 보세요[검**새캐** 보세요] | ・찾아 보세요[**차자** 보세요]
・식당[식**땅**] |

문법（文法）

16-1 行為の勧め 「-아/-어 보세요（—してみてください）」

用言の連用形に「-보세요」を付けて「—してみてください」のように行為の勧めを表します。

먹다 食べる ⇒ **먹어** + 보세요 ⇒	**먹어 보세요** 食べてみてください
찾다 探す ⇒ **찾아** + 보세요 ⇒	**찾아 보세요** 探してみてください
전화하다 電話する ⇒ **전화해** + 보세요 ⇒	**전화해 보세요** 電話してみてください

例 ① **쓰다**（書く）
이 펜으로 **써 보세요**.
このペンで書いてみてください。 131

② **입다**（着る）
저 원피스를 **입어 보세요**.
あのワンピースを着てみてください。

③ **주문하다**（注文する）
인터넷으로 **주문해 보세요**.
インターネットで注文してみてください。

16-2 理由、原因 「-으니까/-니까（—から、—ので）」

用言の語幹について日本語の「—から、—ので」のように理由や原因を表します。子音語幹には「-으니까」が付き、母音語幹とㄹ語幹には「-니까」が付きます。

子音語幹 + **으니까**	母音語幹 + **니까**	ㄹ語幹 + **니까**
읽다 読む ⇒ **읽으니까**	**예쁘다** 可愛い ⇒ **예쁘니까**	**울다** 泣く ⇒ **우니까**（ㄹ脱落）

例 ① **웃다** (笑う)

아이가 잘 **웃으니까** 너무 예뻐요.

子どもがよく笑うのでとても可愛いです。

② **바쁘다** (忙しい)

오늘은 **바쁘니까** 내일 만나요.

今日は忙しいから明日会いましょう。

③ **멀다** (遠い)

학교가 **머니까** 아침 일찍 나가요. (ㄹ脱落)

学校が遠いから朝早く出ます。

なお、過去形には過去の接尾辞「-았/-었」の後に「-으니까」を付けます。

例 ① **하**다 する ⇒ 하**니까** ⇒ **했으니까**
　② **먹**다 食べる ⇒ 먹**으니까** ⇒ **먹었으니까**
　③ **놀**다 遊ぶ ⇒ 노**니까** ⇒ **놀았으니까**

> 연습 (練習)

練習1　例のように「-아/-어 보세요」形で書いてみましょう。

例 사진을 **찍다** 写真を撮る ⇒	사진을 **찍어 보세요** 写真を撮ってみてください
① 연락하다 連絡する ⇒	
② 한국에 가다 韓国に行く ⇒	
③ 일기를 쓰다 日記を書く ⇒	
④ 진찰을 받다 診察を受ける ⇒	

練習2　友達と会話の練習をしてみましょう。

A：주말에 뭐 해요?
　　週末に何をしますか。

B：요즘 날씨가 따뜻하니까 외출을 하려고 해요.
　　最近天気が暖かいから外出しようと思います。

A：그래요? S쇼핑몰에서 지금 세일 하니까 거기 가 보세요.
　　そうですか。Sショッピングモールで今セールしているのでそこに行ってみてください。

B：진짜요? 고마워요.
　　本当ですか。ありがとうございます。

練習3　次の文を完成させましょう。

① 이 사이즈는 ＿＿＿＿＿＿＿ 좀 작은 거로 주세요.
　　このサイズは大きいので少し小さいものをください。

② ＿＿＿＿＿＿＿ 좀 싸게 해 주세요.
　　高いから少し安くしてください。

③ 비가 ＿＿＿＿＿＿＿ 우산을 가져 가세요.
　　雨が降っているので傘を持って行ってください。

④ 바지는 저쪽에서 ＿＿＿＿＿＿＿.
　　ズボンはあちらで探してみてください。

練習4　次の文を韓国語で書いてみましょう。

① 病院に行ってみてください。

＿＿＿＿＿＿＿＿＿＿＿＿＿＿＿＿＿＿＿

② 疲れたら運動してみてください。

③ 妹が寝るので静かにして下さい。

＿＿＿＿＿＿＿＿＿＿＿＿＿＿＿＿＿＿＿

④ 連絡したので少し待ってください。

표현 응용（表現応用）　本課で覚えた表現を応用してみましょう！

次の状況に合わせて役割を決め、友達と話してみましょう。

[状況]

友達の顔色がよくないです。体の具合を聞きながら勧めてみましょう。

열이 있으면 병원에 가다（熱があったら病院に行く）

피곤하면 푹 쉬다（疲れたらゆっくり休む）

목이 아프면 따뜻한 꿀차를 마시다（喉が痛かったら温かいハチミツ茶を飲む）

［韓国のネットカフェ（PC방）］

第17課

다른 방으로 바꿔 주세요.

別の部屋に変えてください。

회화 (会話)

[호텔에서 (ホテルで)]

 134

프론트 여보세요, 뭘 도와 드릴까요?

리에 저, 방이 좀 추워요. 다른 방으로 바꿔 주세요.

프론트 아, 그래요? 알겠습니다.

리에 그리고 미안하지만, 혹시 소화제 있어요?

프론트 네, 있습니다.

리에 그럼 소화제 좀 갖다주세요.

단어 (単語)

방	部屋	바꿔 주세요	変えて下さい
추워요	寒いです　基本形　춥다	다른	他の、別の　基本形　다르다
미안하지만	すみませんが　基本形　미안하다	소화제	胃薬
갖다주세요	持ってきてください　基本形　가져다주다		

 135

발음 (発音)　・갖다주세요[갇**따**주세요]

문법（文法）

17-1 依頼 「-아/-어 주세요 (ーしてください)」

相手に依頼をする時に用いる表現です。動詞の陽母音の語幹には「-아 주세요」を用い、陰母音の語幹には「-어 주세요」を用います。

陽 **받다** 受け取る →	**받아 주세요** 受け取ってください
陽 **찾다** 探す →	**찾아 주세요** 探してください
陰 **바꾸다** 換える →	**바꿔 주세요** 換えてください
陰 **기다리다** 待つ →	**기다려 주세요** 待ってください
하다動詞 **설명하다** 説明する →	**설명해 주세요** 説明してください

例
- ① **오다** (来る)
  파티에 와 주세요.
  パーティーに来てください。

- ② **닫다** (閉める)
  문을 닫아 주세요.
  ドアを閉めてください。

- ③ **믿다** (信じる)
  저를 믿어 주세요.
  私を信じてください。

- ④ **서명하다** (署名する)
  여기에 서명해 주세요.
  ここに署名してください。

17-2 「ㅂ」不規則活用

「ㅂ(비읍)」不規則活用とは、語幹が「ㅂ(비읍)」で終わる用言の場合、一部は「-(으)면」、「-(으) 시」、「-아요」、「-어요」、「-었/-았」などのように母音で始まる語尾や接尾辞がつくと、語幹「ㅂ」が脱落して「우」が添加される活用を指します。

	母音で始まる語尾			子音で始まる語尾
用言	-(으)면	-(으)ㄴ	-아요/-어요	-고
춥다 寒い	추우면	추운	추워요	춥고
시끄럽다 うるさい	시끄러우면	시끄러운	시끄러워요	시끄럽고

例 ① **차갑**다 (冷たい) 137

　　物이 너무 차가**워**요.
　　水がとても冷たいです。

② **어렵**다 (難しい)

　　시험이 어려**웠**어요.
　　試験が難しかったです。

③ **어둡**다 (暗い)

　　방이 어두**워**요.
　　部屋が暗いです。

　　ただし、「ㅂ不規則活用」の用言でも「돕다 (手伝う、助ける)」と「곱다 (きれい、美しい)」は「도와요/도왔어요」「고와요/고왔어요」のように「ㅂ」が脱落した後は「우」ではなく「오」が添加されます。これらを除く「ㅂ不規則活用」の用言は、すべて「-우」になります。なお、語幹が「ㅂ」の用言でも、次のように「ㅂ不規則活用」ではなく、規則活用をする用言もあるので、気を付けて覚えてください。

잡다 つかむ → **잡**으면 / **잡**은 / **잡**아요	**입**다 着る → **입**으면 / **입**은 / **입**어요

17−3 病状を表す表現

（1）症状を話す　　　　　　　　　　　　　　　　　　138

① 머리가 아파요, 두통이 있어요.
　　頭が痛いです、頭痛がします。

② 어제부터 열이 나기 시작했어요.
　　昨日から熱が出始めました。

③ 미열이 있어요.
　　微熱があります。

④ 감기에 걸렸어요.
　　風邪を引きました。

⑤ 알레르기 비염이 있어요.
アレルギー性鼻炎があります。

⑥ 소화불량이에요.
消化不良です。

⑦ 다리를 삐었어요.
足を挫きました。

（2）症状に合わせて病院を探す

【병원 (病院)】

내과 (内科) / 외과 (外科) / 안과 (眼科) / 치과 (歯科) / 소아과 (小児科) / 피부과 (皮膚科) / 이비인
후과(耳鼻咽喉科) / 신경외과(神経外科) / 정형외과 (整形外科) / 산부인과(産婦人科) / 비뇨기과(泌
尿器科) / 한의원 (韓医院)

연습（練習）

練習1　例のように「-아/-어 주세요」形で書いてみましょう。

例 사진을 **찍다** 写真を撮る ⇒	사진을 **찍어 주세요** 写真を撮ってください
① 내일 전화하다 明日電話する ⇒	
② 창문을 열다 窓を開ける ⇒	
③ 옷을 바꾸다 服を変える ⇒	
④ 테이블을 닦다 テーブルを拭く ⇒	
⑤ 핸드폰을 찾다 ケータイを探す ⇒	

練習2　さまざまな語尾をつけて「ㅂ不規則活用」をさせてみましょう。

	-(으)면	-(으)ㄴ	-아/-어요	-았/-었어요
例 **어렵다** 難しい	**어려우면**	**어려운**	**어려워요**	**어려웠어요**
① 맵다 辛い				

② 덥다 暑い				
③ 어둡다 暗い				
④ 굽다 焼く				

練習3 友達と会話の練習をしてみましょう。

A: 이 자켓은 좀 무거워요. 가벼운 거 없어요.
このジャケットはちょっと重いです。軽いものはないですか。

B: 잠깐만 기다려 주세요. 그럼 이거 한번 입어 보세요.
少々お待ちください。では、これを一度着てみてください。

A: 아, 이건 아주 가볍네요. 고마워요.
あ、これはとても軽いですね。ありがとうございます。

B: 탈의실 문은 잠가 주세요.
更衣室のドアはロックしてください。

練習4 次の文を韓国語で書いてみましょう。

① 窓を閉めてください。

② ジャケットを変えてください。

③ 教室が少し暗いです。

④ 今日はとても暑かったです。

Let's talk!　次の状況に合わせて役割を決め、友達と話してみましょう。

状況

（1）ホテルの部屋に戻り、シャワー（샤워）をしようと浴室に入りました。ところが、今朝使ったタオル（수건）が濡れたまま置いてありました。シャワーをするためにはきれいなタオルが必要です。そして、コーラ（콜라）が飲みたいので冷蔵庫（냉장고）を開けましたが、飲み物は水だけでした。フロントに電話をして要望を伝えましょう。

（2）風邪を引いたので病院に行きました。下線部の表現を入れ替えて話してみましょう。

A：어제부터 열이 좀 있어요.

B：그래요? 이쪽으로 앉아 보세요. 머리도 아파요?

〔選択肢〕

A：목이 아프다（喉が痛い）/ 기침을 하다（咳をする）

B：숨을 크게 쉬다（息を大きく吸う）/ 열은 없다（熱はない）

リエの韓国レポート

▶◀ 韓国の韓医院 ▶◀

　韓方は昔から韓国人の生活に深く関わっていた。韓国の家庭で健康に良いとされる伝統茶が好まれているのは、その名残だろう。今でも韓方の研鑽が継続しており、優れた研究成果が出されている。韓国人の健康的な暮らしや疾患予防に役立っているようだ。

　韓国では韓方病院（韓医院）も一般病院と同様に国から認可を受けているので、医療保険で診療を受けることができる。

　韓国で韓医師になるためには、大学の韓医学部で6年間学んだ後に医師の国家試験に合格しなければならない。そのため、韓国における韓医師はとても信頼されている。

여행 가세요?

旅行に行かれますか。

회화（会話）

[일본 공항에서（日本の空港で）]

 140

리에 어, 수아 선배님 안녕하세요?

수아 어머, 리에 씨 여행 가세요?

리에 아뇨, 서울에 갔다 왔어요. 방금 도착했어요.

수아 그래요? 어땠어요?

리에 아주 좋았어요. 근데 선배님도 여행 가세요?

수아 아뇨, 친구 마중 나왔는데,

　　　아직 안 보이네요.

단어（単語）

선배님	先輩	여행	旅行
갔다 왔어요	行ってきました　基本形 갔다 오다	방금	たった今
도착했어요	到着しました　基本形 도착하다	어땠어요?	どうでしたか　基本形 어떻다
좋았어요	良かったです　基本形 좋다	가세요?（尊敬語）	行かれますか
마중 나왔는데	迎えに来ましたが 基本形 마중 나오다	아직	まだ
보이네요	見えますね　基本形 보이다		

 141

발음（発音）　・-나왔는데[나완는데]　・도착했어요[도**차**캐**써**요]

문법 (文法)

18-1 尊敬の接尾辞 「-으시/-시- (ーになる、ーなさる)」

尊敬の接尾辞「-(으)시-」は、用言について尊敬の意味を表します。

子音語幹	**-으시-**
母音語幹	**-시-**
ㄹ語幹（ㄹ脱落）	**-시-**

「해요体」に尊敬の接尾辞を用いると、本来なら「-(으)시어요/-(으)셔요」になるはずですが、そうはならずに、「-(으)세요」のように語形変化した形を用います。意味は日本語の「ーられます、ーなさいます」にあたります。

用言	子音語幹＋**-으세요**	母音語幹、ㄹ語幹＋**-세요**
（子音語幹）**받**다 受け取る	**받으세요** 受け取られます	
（母音語幹）**가**다 行く	**가세요** 行かれます	
（ㄹ語幹）**살**다 住む	**사세요** お住まいになります	

日本語で「食べる」の尊敬語が「召し上がる」であるように、韓国語でも一部の用言の形が次のように変わります：

例 ① **먹다** 食べる / **마시다** 飲む → **드시다** 召し上がる → **드세요** 召し上がります
② **자다** 寝る → **주무시다** お休みになる → **주무세요** お休みになります
③ **있다** いる → **계시다** いらっしゃる → **계세요** いらっしゃいます

18-2 「-는데, -(으)ㄴ데, -(이)ㄴ데 (ーけれど、ーですが)」

語尾「-는데」「-(으)ㄴ데」は文と文をつないで後に続く事柄を話す時に使います。前提もしくは丁寧な断りや反意を表します。「-는데」「-(으)ㄴ데」に「요」をつけるとより丁寧な表現になります。過去を表す時は、「-았는데/-었는데」が用いられます。

動詞・存在詞	指定詞	形容詞
-는데(요) ―けれど、ですが	**-(이)ㄴ데(요)** ―けれど、ですが	**-(으)ㄴ데(요)** ―けれど、ですが
語幹 + 는데요 ㄹ語幹 + 는데요	子音語幹 + 인데요 母音語幹 + ㄴ데요	子音語幹 + 은데요 母音語幹 + ㄴ데요 ㄹ語幹 + ㄴ데요
있다 いる → 있는데요 오다 来る → 오는데요 울다 泣く → 우는데요 (ㄹ脱落)	이 책 この本 → 이 책인데요 언니 姉 → 언닌데요	좋다 良い → 좋은데요 예쁘다 可愛い → 예쁜데요 멀다 遠い → 먼데요 (ㄹ脱落)

例
 142

① 홋카이도에 가고 **싶은데요**, 어디가 좋아요?
　北海道に行きたいんですが、どこがいいですか。

② 어제가 개강**이었는데** 학교를 못 갔어요.
　昨日が学期始まりだったけれど、学校に行けませんでした。

③ 아직 일이 안 끝났**는데요**.
　まだ仕事が終わってないんですが。

18-3 「ㅎ」不規則活用

「ㅎ(히읗)」不規則活用は「ㅎ」語幹の後に母音が続く場合、語幹が変化することを言います。その時は「ㅎ」が脱落し、語幹末が「아, 어」の場合は「애」になり、「야」の場合は「얘」になります。

> 「ㅎ(히읗)」不規則活用
> 母音とバッチム [ㅎ] 脱落+ㅐ
> **그렇다** そうだ：그ㄹ + ㅐ = 그래

用言	-요
이렇다 そうだ	이래요 こうです
까맣다 黒い	까매요 黒いです
하얗다 白い	하얘요 白いです

形容詞のうち、「좋다 良い」だけは規則活用をします。ただし、下記のように動詞は規則活用をします。

> 넣다 入れる → **넣**어요　/　낳다 産む → **낳**아요
> 놓다 置く → **놓**아요　/　닿다 届く → **닿**아요

なお、「ㅎ」不規則活用の用言の連体形は、下記のように「ㅎ」語幹が脱落して「-ㄴ」が付き、「ㅎ」規則活用の用言は語幹に「-은」が付きます。

「ㅎ」不規則活用の用言の連体形	「ㅎ」規則活用の用言の連体形
그렇다 そうだ ⇒ 그런 そんな	좋다 良い ⇒ 좋은 良い
커다랗다 とても大きい ⇒ 커다란 とても大きな	
어떻다 どうだ ⇒ 어떤 どんな	

연습 (練習)

練習1-a 例のように尊敬形で書いてみましょう。

基本形	-으세요/-세요
例 보다 見る →	보세요 見られます
① 읽다 読む →	
② 걸다 かける →	
③ 듣다 聞く（ㄷ不規則）→	
④ 오다 来る →	

練習1-b 例のように「ㅎ不規則活用」を書いてみましょう。

例 어떻다 どうだ →	어때요(?) どうです（か）
① 저렇다 ああだ →	
② 노랗다 黄色い →	
③ 빨갛다 赤い →	
④ 파랗다 青い →	
⑤ 동그랗다 丸い →	

A : 점심식사 안 **하세요?**
　　昼食食べませんか。

B : 전 벌써 **먹었는데요.**
　　私は既に食べましたが。

A : 아, **드셨어요?**
　　あ、召し上がったんですか。

B : 네, 천천히 **드시고 오세요.**
　　はい、ゆっくり召し上がっていらっしゃい。

練習3　次の文を完成させましょう。

① 주말에 뭐 ＿＿＿＿＿＿＿＿＿＿？
　　週末に何をなさいますか。

② 다음 달에 ＿＿＿＿＿＿＿＿＿＿＿＿＿？
　　来月に旅行に行かれますか。

③ 그 ＿＿＿＿＿ 우산은 ＿＿＿＿＿＿＿＿.
　　その赤い傘は私のものですが。

④ 책을 다 ＿＿＿＿＿＿ 이해를 못하겠어요.
　　本を全部読んだけれど、理解ができません。

練習4　次の文を「해요」体で書いてみましょう。

① 今妹はドラマを見ていますが。

＿＿＿＿＿＿＿＿＿＿＿＿＿＿＿＿＿＿＿＿＿

② 父が本をお読みになります。

＿＿＿＿＿＿＿＿＿＿＿＿＿＿＿＿＿＿＿＿＿

③ 先生は図書館にいらっしゃいます。

＿＿＿＿＿＿＿＿＿＿＿＿＿＿＿＿＿＿＿＿＿

④ 明日は会社に行きますが。

＿＿＿＿＿＿＿＿＿＿＿＿＿＿＿＿＿＿＿＿＿

Let's talk! 次の状況に合わせて役割を決め、友達と話してみましょう。

状況

友達の両親が韓国からいらっしゃるので、友達と一緒に空港へお迎えに行きました。しばらくして友達の両親がお見えになりました。しかし、ご両親は日本語が全くできません。あいさつをしてから日本の滞在日程を聞き、日本の観光名所を紹介してみましょう。

◆ スピードゲーム　クラスでチャレンジ！◆

☆ふさわしい言葉を考えてみましょう。最も正確で速い人はだれでしょう！

❶ 머리가 아파서 _____

❷ 어제 _____ 같이 _____.

❸ _____ 좋아해서 _____ 시작했어요.

❹ 오늘은 피곤해서 _____.

❺ 내년에는 한국에 꼭 _____.

❻ 명동은 여기서 _____.

❼ 사이즈가 좀 _____ 다른 것으로 _____.

❽ 오늘은 바쁘니까 내일 _____.

＊模範解答を求めるものではないので、自分が知っている語彙を用いて自由に文を作ってみましょう！

노래방에서 함께 트로트도 불렀어요.

カラオケで一緒にトロットも歌いました。

회화 (会話)

[교실에서 (クラスで)]

 144

선생님 겨울 방학에 뭐 했어요?

리에 서울에 갔다 왔어요.

선생님 서울에서 뭐 했어요?

리에 친구랑 이태원의 라이브 카페에도 가고, 노래방에서 함께 트로트도 불렀어요. 그래서 요즘은 K-트로트를 연습하고 있어요.

선생님 정말요? 저도 트로트를 좋아해요.

리에 이번엔 시간이 일주일밖에 없었지만, 서울 친구 덕분에 신당동에 가서 떡볶이도 먹고, 북촌 한옥마을에서 한복을 입고 사진도 찍고, 신촌에 있는 치즈퐁닭 맛집에도 갈 수 있었어요.

단어 (単語)

함께	一緒に、ともに	트로트	韓国の歌謡
겨울방학	冬休み	서울	ソウル　韓国の首都
불렀어요	歌いました　基本形 부르다	연습하고 있어요	練習しています
일주일	一週間	-밖에	―しか　助詞
덕분에	おかげで	신당동	新堂洞　地名 (ソウルの中区に位置)

발음 (発音)　・갔다 왔어요[**갇따 와써요**]　・밖에[**바께**]　・덕분에[**덕뿌네**]

문법 (文法)

19-1 助詞 「밖에 (ーしか)」

助詞「-밖에 (ーしか)」は日本語の「～しか ～ない」のように否定形と共に用いられ、限定を表します。

例　① 먹을 게 빵**밖에** 없네요.
　　　食べられるものがパンしかないですね。

② 오천원**밖에 없어요.**
　　五千ウォンしかないです。

③ 마감일이 십 일**밖에 안** 남았어요.
　　締め切り日が十日しか残ってません。

19-2 「르」不規則活用

「-르」で終わる用言の語幹末の「-르」を取り、その一つ前の母音が陽母音の場合は「-ㄹ라」を付け、それ以外の場合は「-ㄹ러」を付けます。

陽母音の場合＋ㄹ라	それ以外の場合＋ㄹ러
① 빠르다 速い 빠＋ㄹ라 → **빨라**요 速いです	흐르다 流れる 흐＋ㄹ러 → **흘러**요 流れます

② 오르다 上がる 오＋ㄹ라 ↓	서두르다 急ぐ 서두＋ㄹ러 ↓
올라요 上がります	**서둘러**요 急ぎます

例 ① 부르다 (歌う) ： 이 노래는 못 **불러요**.
この歌は歌えません。

② 모르다 (知らない) ： 그 사람은 잘 **몰라요**.
その人はよく知りません。

③ 기르다 (養う・飼う) ： 언니는 고양이를 **길러요**.
姉は猫を飼います。

19-3 動作の継続、進行「-고 있다 (－している)」

動詞の語幹について動作の継続や進行を表します。

먹다 食べる ＋ **고 있다**	**먹고 있어요** 食べています
자다 寝る ＋ **고 있다**	**자고 있어요** 寝ています

例 ① 부르다 (歌う)
친구가 노래를 **부르고 있어요**.
友達が歌っています。

② 만들다 (作る)
엄마가 케이크를 **만들고 있어요**.
母がケーキを作っています。

③ 공부하다 (勉強する)
누나가 **공부하고 있어요**.
姉が勉強しています。

19-4 状態、状態の継続「-아/-어 있다 (－している)」

動詞の語幹について状態や状態の継続を表します。

피다 咲く ＋ **어 있다**	**피어 있어요** 咲いています
앉다 座る ＋ **아 있다**	**앉아 있어요** 座っています

すべての動詞に「-아/-어 있다」を付けられるわけではありません。「-아/-어 있다」を付けられる動

詞は、主に状態を表すものに限られます。なお、日本語では「-고 있다」も「-아/-어 있다」も「ーして
いる」に表すので、注意してください。

例 ① **열리다** (開く)　　**창문이 열려 있어요.**
　　　　　　　　　　　窓が開いています。

② **놓이다** (置かれる)　**책상 위에 꽃병이 놓여 있어요.**
　　　　　　　　　　　机の上に花瓶が置かれています。

③ **쓰이다** (書かれる)　**서류에 뭐라고 쓰여 있어요?**
　　　　　　　　　　　書類になんと書かれていますか。

🔊 149

연습（練習）

練習1　例のように書いてみましょう。

例 너무 **빠르다** とても速い ⇒	너무 **빨라요** すごく速いです
① 버튼을 누르다 ボタンを押す ⇒	
② 잘 바르다 よく (うまく) 塗る ⇒	
③ 옷을 고르다 服を選ぶ ⇒	
④ 좀 이르다 少し早い ⇒	

練習2　友達と会話の練習をしてみましょう。　🔊 150

A: **지금 뭐 하고 있어요?**
　　今何をしていますか。

B: **도서관에서 숙제하고 있어요.**
　　図書館で宿題をしています。

A: **대학교에 학생들이 아직 많이 남아 있어요?**
　　大学に学生たちがまだたくさん残っていますか。

B: **아뇨, 도서관은 자리가 거의 비어 있어요.**
　　いいえ、図書館は席がほとんど空いています。

次の文を完成させましょう。

① 정원에 장미가 ＿＿＿＿＿＿＿＿＿＿＿＿＿＿ .

庭園にバラが咲いています。

② 지금 그쪽으로 ＿＿＿＿＿＿＿＿＿＿＿＿＿＿ .

今そちらに行っています。

③ 신칸선은 정말 ＿＿＿＿＿＿＿＿＿＿＿＿＿＿ .

新幹線は本当に速いです。

④ 여동생은 과일을 잘 ＿＿＿＿＿＿＿＿＿＿＿＿＿ .

妹は果物をうまく選びます。

練習4 例のように「합니다」体を用いて文を完成させましょう。

例 리에 씨는 겨울 방학에 혼자서 서울에 갔습니다.

리에 씨는 서울에서 친구를 ＿＿＿＿＿＿＿＿＿ 친구와

북촌 ＿＿＿＿＿＿ 에서 한복을 ＿＿＿＿＿＿ 사진을 ＿＿＿＿＿

그리고 노 ＿＿＿＿＿＿ 함께 트 ＿＿＿

이태원 ＿＿＿＿＿＿＿＿＿＿＿＿＿＿＿＿＿＿＿＿

신당동 ＿＿＿＿＿＿＿＿＿＿＿＿＿＿＿＿＿＿＿＿

신촌 ＿＿＿＿＿＿＿＿＿＿＿＿＿＿＿＿＿＿＿＿＿

또한 리에 씨는 이번 여행에서 '신인 아이돌 콘서트'와 '뮤지컬 시카고'

도 봤습니다. 너무 행복한 시간이었습니다.

리에 씨는 한국문화도 좀 더 공부를 하려고 합니다. ＊ 행복한 (幸せな)

표현 응용（表現応用）　本課で覚えた表現を応用してみましょう！

 次の状況に合わせて役割を決め、友達と話してみましょう。

状況
・ Aは夏休み（여름 방학）に友達と北海道に行って来ました。（札幌と小樽）
・ Bは夏休みに友達と沖縄に行って来ました。（那覇と石垣島）

付録

会話の日本語訳

第1課 こんにちは。

イスジ：リエさん！こちらです。

リエ：スジさん、こんにちは。お久しぶりです。

イスジ：はい、本当にお久しぶりです。こちらは
私の友達です。

キムユナ：こんにちは。キムユナです。会えて嬉
しいです。

リエ：こんにちは。私は鈴木リエといいます。よ
ろしくお願いします。

第2課 これは何ですか。

リエ：すみません！水どこにありますか。

店員：ここにあります。

リエ：ところで、これは何ですか。

店員：トウモロコシ茶です。

リエ：うん…、この水だけください。

店員：はい、ありがとうございます。

第3課 アメリカンコーヒーありますか。

店員：いらっしゃいませ。

リエ：アメリカンコーヒーありますか。

店員：はい。サイズはスモールとレギュラーがあ
ります。

リエ：レギュラーサイズをください。（レギュラー

サイズでお願いします。）

店員：3,000ウォンです。

リエ：クレジットカードで決済してください。

店員：ありがとうございます。砂糖とミルクはあ
ちらにあります。

第4課 いくらですか。

店員：いらっしゃいませ！

リエ：フード付きトレーナーありますか。

店員：お客様、これはどうですか。 新しい商品
です。

リエ：いくらですか。

店員：45,000ウォンです。

リエ：そうですか。では、あれはいくらですか。

店員：32,000ウォンです。

リエ：いいですね。あれをください。（あれでお願
いします。）

第5課 モッツァレラチーズドックを2つください。

リエ：モッツァレラチーズドックを 2 つください。

店員：「じゃがいも」と「さつまいも」の2種類が
あります。

リエ：そうですか。「じゃがいも」をください。
（「じゃがいも」でお願いします。）

店員：はい、かしこまりました。

リエ：いくらですか。

店員：5,000ウォンです。ソースはあちらにあります。

第6課 私たち今日はどこに行きますか。

リエ：スジさん、今日は私たちどこに行きますか。

スジ：北村に行きます。

リエ：北村は何が有名ですか。

スジ：韓屋村が有名です。

リエ：そうですか。韓屋村では人々は主に何をしますか。

スジ：普通、韓服も着て写真も撮ります。

第7課 木曜日はスジさんに会いません。

ユナ：リエさん、木曜日にスジに会いますか。

リエ：木曜日はスジさんに会いません。

ユナ：もしかしてショッピングが好きですか。今新村でアイドルグッズを売っています。

リエ：あ、そうですか。高くありませんか。

ユナ：そんなに高くありません。リエさん、新村は知っていますか。

リエ：はい、知っています。でも、あのですね…実は一人でちょっと心配ですよ。

第8課 どこで韓国語を学びましたか。

ユナ：リエさん、一人ショッピングは大丈夫でしたか。

リエ：はい、本当に面白かったです。特に「梨大商店街」が良かったです。

ユナ：ところで、リエさんはどこで韓国語を学びましたか。

リエ：大学で勉強しました。

ユナ：なぜ韓国語を始めましたか。

リエ：韓国の歌が好きで始めました。

第9課 梨泰院に行きたいです。

リエ：スジさん、今日は梨泰院に行きたいです。

スジ：梨泰院ですか。リエさん、梨泰院も知っているんですか。

リエ：もちろんです。ドラマのおかげで最近明洞より梨泰院がもっと人気ですよ。

スジ：そこにはかわいいカフェが多いですよ。有名なグルメ店もありますしね。

リエ：そうなんですか。じゃあ、スジさんがいいところ案内してください。
後で家族に話したいです。

第10課　ミュージカルを見に行きます。

ユナ：あら、リエさん、トッポッキ食べに来ましたか。

リエ：あら、ユナさんもですか。
今日はトッポッキの写真を撮ってSNSに載せようと思います。

ユナ：あ、そうですか。ここは有名なグルメ店ですが価格はとても安いです。

リエ：本当ですか。ところで、昨日はスジさんと梨泰院の有名なライブカフェに行きました。
本当に素敵でした。

ユナ：ライブカフェ本当にいいでしょ。では、今日も行きましょうか。

リエ：ありがとうございます。でも今日はミュージカルを見に行きます。

第11課 157番のバスに乗ってください。

リエ：あのう、申し訳ありませんが、ロッテ百貨

店にどのように行きますか。

男性：あの向こう側で157番のバスに乗って下さい。

157番のバスに乗って清涼里駅で降りたら直ぐ前に看板が見えます。

リエ：ここから遠いですか？

男性：歩いて行くと清涼里駅まで30分くらいかかります。

リエ：あ、そうですか。ありがとうございます。

第12課 ここから景福宮に行けますか。

リエ：あのう、ここから景福宮に行けますか。

女性：あ、景福宮ですか。うん…そこは3号線に乗らなければいけません。

リエ：それじゃここからは行けませんか。

女性：いいえ、とりあえずここから地下鉄で忠武路駅まで行ってください。

そしてそこで大化行きの3号線に乗り換えてください。

リエ：忠武路駅ですか。ありがとうございます。

第13課 コンサートに一緒に行きましょうか。

スジ：リエさん、新人アイドルのコンサートに一緒に行きましょうか。

リエ：行きたいですね。でも、私はチケットがありません。

スジ：私が今週の日曜日のコンサートのチケット2枚をゲットしました。

リエ：ええっ！本当ですか。一緒に行きましょう。では、どこで会いましょうか。

スジ：地下鉄の「弘大入口」駅で会いましょう。

リエ：わかりました。その日「弘大入口」駅の改札口で会いましょう！

考えるだけでも本当に嬉しいです！

第14課 まず、この写真から見ます。

職員：こんにちは。何をお手伝いしましょうか。

リエ：あのう、昨日地下鉄の2号線にカバンを置き忘れました。

職員：こちらに今朝撮った2号線の遺失物の写真があります。

リエ：あ、そうですか。ありがとうございます。

職員：写真はホームページからも見ることができます。

リエ：まず、この写真から見ます。

第15課 友達とカラオケに行くつもりです。

スジ：もしもし。リエさん、今日時間ありますか。

リエ：何か面白いことでもありますか。

スジ：友達とカラオケにいくつもりです。リエさんも一緒に行きましょう。

リエ：うわ、本当ですか。行きます。最近、K－トロットもたまに聞きます。

スジ：そうですか。では、もしかして「テス兄」知ってますか。

リエ：最近流行の歌ですか。

スジ：はい、有名な歌手の歌です。
風変わりの歌詞なので今ものすごく人気です。

第16課 インターネットで検索してみてください。

スジ：リエさん、さっきから何をそんなに探しているのですか。

リエ：あ、名刺です。日本の友達にグルメ店の名刺をもらったんです。

スジ：そうですか。時間はたくさんあるからゆっくり探してみてください。
ところで、何の料理ですか。

リエ：チーズポンダクです。スジさん食べてみま

したか。

スジ：はい、最近人気です。そのグルメ店の住所覚えてますか。

リエ：場所は思い出せないけど、食堂の名前が…

スジ：もし名前がわかれば、今インターネットで検索してみてください。

第17課 別の部屋に変えてください。

フロント：もしもし、何をお手伝いしましょうか。

リエ：あのう、部屋がちょっと寒いです。別の部屋に変えてください。

フロント：あ、そうですか。かしこまりました。

リエ：そして、すみませんが、もしかして、胃薬ありますか。

フロント：はい、ございます。

リエ：では、胃薬を持ってきてください（お願いします）。

第18課 旅行に行かれますか。

リエ：あら、スア先輩、こんにちは！

スア：あら、リエさん、旅行に行かれますか。

リエ：いいえ、ソウルに行ってきました。たった今到着しました。

スア：そうですか。どうでしたか。

リエ：とても良かったです。ところで先輩も旅行に行かれるんですか。

スア：いいえ、友達の出迎えですが、まだ見えないですね。

第19課 カラオケで一緒にトロットも歌いました。

先生：冬休みに何をしましたか。

リエ：ソウルに行って来ました。

先生：ソウルで何をしましたか。

リエ：友達と梨泰院のライブカフェにも行き、カラオケで一緒にトロットも歌いました。だから最近はK-トロットを練習しています。

先生：本当ですか。私もトロットが好きです。

リエ：今回は時間が一週間しかなかったけど、ソウルの友達のおかげで新堂洞に行ってトッポッキも食べて、北村の韓屋村で韓服を着て写真も撮り、新村にあるチーズポンダクのグルメ店にも行けました。

語彙

I. ハングルを習おう!

第1課

아이	子ども	이	二、歯、この
오이	きゅうり	우아	優雅
에이	A	안녕	おはよう　こんにちは
안녕하세요?	おはようございます、こんにちは	안녕히 가세요	さようなら（去る人に対して）
안녕히 계세요	さようなら（残る人に対して）	잘 가	バイバイ（去る人に対して）
잘 있어	バイバイ（残る人に対して）		

第2課

누나	姉（弟からみた）	머리	頭	나라	国
어머니	お母さん	나무	木	나	私、僕
네	はい	안내	案内	몸	体
눈물	涙	-랑	ーと	남	他人
눈	目・雪	날	日にち	엄마	ママ
만남	出会い	문	ドア	노랑	黄色
언니	姉（妹からみた）	일본	日本	사람	人
노래	歌	한국	韓国		

第3課

의미	意味	의사	医師	유의	留意
우리의	私たちの	우유	牛乳	여우	きつね
요리	料理	메뉴	メニュー	여름	夏
예의	礼儀	대학생	大学生	냉면	冷麺
반가워요	（会えて）嬉しいです	희다	白い		

第4課

바다	海	교수	教授	개	いぬ
발	足	순두부	スンドゥブ	아버지	お父さん
선생님	先生	고양이	ねこ	주스	ジュース
교실	教室	여자	女性	가수	歌手
야구	野球	테이블	テーブル	커피	コーヒー

パスポート	パスポート	친구	友達	하늘	空
토마토	トマト	형	兄 (弟からみた)	카드	カード
코	鼻	파도	波	치마	スカート
수업	授業	있어요	います/あります	없어요	いません/ありません
겨울	冬				

第5課

약	薬	국	スープ	밖	外
닭	鶏	부엌	台所	몫	分け前
손	手	돈	お金	우산	傘
신문	新聞	곧	すぐ	볕	日差し
옷	服	낮	昼	돛	帆
물	水	감	柿	삶	人生
김치	キムチ	집	家	앞	前
옆	横	값	値段	강	川
방	部屋	팥	小豆	잎	葉っぱ
밑	下	좋다	良い	몇 개	何個
넣다	入れる	밭	畑	그래요?	そうですか
좋아해요?	好きですか				

第6課

과자	お菓子	왜	なぜ	회사	会社
웨딩	ウェディング	원	ウォン	위	上
사과	りんご	고마워	ありがとう	외식	外食
가위	はさみ	뭐	何	마시고 싶어요	飲みたいです

第7課

구두	くつ	쿠키	クッキー	꾸러미	包み
도로	道路	토스트	トースト	또	また
바나나	バナナ	딸기	いちご	이거	これ
사요	買います	싸요	安いです	지도	地図
치킨	チキン	찌개	チゲ	토끼	ウサギ
까지	ーまで	짜장면	ジャージャー麺	뽀로로	キャラクターの名前
쌀	お米	빨래	洗濯	꼬리	しっぽ
예뻐요	可愛いです	쓰레기	ゴミ	선물	プレゼント
어때요?	どうですか	정말요?	本当ですか	볶다	炒める
깎다	削る	닦다	磨く	했다	した

갔다	行った	있다	いる、ある		

第8課

저	私（謙遜語）	대학교	大学	한국어	韓国語
공부해요	勉強します	-에서	―で	-을/를	―を
책이	本が	옷은	服は	종이	紙
앉아	座って	닭이	鶏が	좋다	良い
싫어	嫌だ	굳이	敢えて	같이	一緒に
축하	祝賀、お祝い	따뜻해요	暖かいです	입학	入学
어떻게	どうやって	많지	多く	학교	学校
돋보기	虫眼鏡	십자가	十字架	작년	昨年
받는	もらう（連体形）	-입니다	―です（指定詞）	편리	便利
설날	正月	전화	電話	삼호선	3号線
결혼	結婚	안녕히	安らかに		

II. 話してみよう！

*のついた単語は、「I. ハングルを習おう！」のところにも出てきた単語です。

第1課

씨	―さん	오랜만이에요	久しぶりです	*언니	姉（妹からみた）
진짜	本当	이쪽	こちら	*반가워요	（お会いできて）うれしいです
제	私の	*친구	友達	*어머니	お母さん
버스	バス	우리	私たち	*일본	日本
*물	水	*선생님	先生	남동생	弟
교토	京都	편의점	コンビニ	*형	兄（弟からみた）
*한국	韓国	*사람	人	부탁합니다	お願いします
*의사	医師	잘	よろしく	*아버지	お父さん
교과서	教科書	*대학교	大学	공항	空港
옥수수차	コーン茶	여기	ここ	오빠	兄（妹からみた）
서울	ソウル	여동생	妹	배우	俳優
저 사람	あの人	할아버지	祖父	미국	アメリカ
할머니	祖母	독일	ドイツ	태국	タイ
영국	イギリス	베트남	ベトナム	회사원	会社員
중국	中国	교수	教授	대학생	大学生
간호사	看護師	경찰	警察		
주부	主婦	네	はい		

第2課

저기요	すみません	어디	どこ	*있어요	います、あります
근데	ところで	*학교	学校	뭐예요?	何ですか
그냥	ただ	*이	この	그	その
저	あの	학생	学生	주세요	ください
누구	誰	책	本	*나무	木
이것	これ	그것	それ	저것	あれ
이게	これが	그게	それが	저게	あれが
이건	これは	그건	それは	저건	あれは
저기	あそこ	거기	そこ	여긴	ここは
거긴	そこは	저긴	あそこは	무엇(을)	何 (を)
뭘	何を	핸드폰	携帯電話	감사합니다	ありがとうございます
시계	時計	명동	明洞 (地名)	컴퓨터	パソコン
누구 거	誰のもの	교과서	教科書		

第3課

커피숍	コーヒーショップ	전통차	伝統茶	어서 오세요	いらっしゃいませ
점원	店員	아메리카노	アメリカンコーヒー	스몰	スモール
레귤러	レギュラー	사이즈	サイズ	결제	決済
설탕	砂糖	*카드	カード	저쪽	あちら
있습니다	います、あります	크림	ミルク	*집	家
*커피	コーヒー	*없어요	いません、ありません	오늘	今日
숙제	宿題	녹차	緑茶	예쁘다	可愛い
먹다	食べる	가다	行く	-이다	〜だ、である
놀다	遊ぶ	자다	寝る	마시다	飲む
읽다	読む	찾다	探す	오다	来る
저녁	夕方	살다	住む	언제	いつ
알다	知る	*요리	料理	*옷	服
구두	くつ	거칠다	荒い	한국인	韓国人
스마트폰	スマートフォン	시간	時間	*수업	授業
바쁘다	忙しい	만나다	会う	사다	買う
받다	受ける	덥다	暑い	삼만 원	3万ウォン
바닐라	バニラ	하지만	しかし	아이스	アイス

第4課

가게	店	후드 티셔츠	フード付きトレーナー	얼마예요?	いくらですか
손님	お客さん	이거	これ	*어때요?	どうですか

신상	新商品	*과자	菓子	*그래요?	そうですか
좋아요	いいです	저거	あれ	그럼	では
일	1	이	2	삼	3
사	4	오	5	육	6
칠	7	팔	8	구	9
십	10	십일	11	십이	12
십삼	13	십사	14	십오	15
십육	16	십칠	17	십팔	18
십구	19	이십	20	백	百
천	千	만	万	몇	何
전화번호	電話番号	년	年	월	月
일	日	며칠	何日	일월	1月
이월	2月	삼월	3月	사월	4月
오월	5月	유월	6月	칠월	7月
팔월	8月	구월	9月	시월	10月
십일월	11月	십이월	12月	생일	誕生日
디자인	デザイン	김치	キムチ	음료수	飲み物

第5課

모짜렐라치즈	モッツァレラチーズ	핫도그	ホットドッグ	두 개	2個
감자	じゃがいも	고구마	さつま芋	종류	種類
알겠습니다	わかりました	소스	ソース	하나	一つ
둘	二つ	셋	三つ	넷	四つ
다섯	五つ	여섯	六つ	일곱	七つ
여덟	八つ	아홉	九つ	열	十
열하나	11	열둘	12	열셋	13
열넷	14	열다섯	15	열여섯	16
열일곱	17	열여덟	18	열아홉	19
스물	20	서른	30	마흔	40
쉰	50	예순	60	일흔	70
여든	80	아흔	90	시	時
분	分	오전	午前	오후	午後
반	半	살	歳	권	冊
치즈	チーズ	*엄마	ママ	공부	勉強
*아이	子ども	신문	新聞	공책	ノート
개	個	대	台	명	名
살	歳	마리	匹	권	冊
장	枚	잔	杯		

第6課

우리	私たち	요즘	この頃	빨래하다	洗濯する
그렇다	そうだ	*뭐	何	유명하다	有名だ
주로	主に	입다	着る	한복	韓服
찍다	撮る	보통	普段	사진	写真
세다	数える	서다	立つ	*나	私
배우다	学ぶ	펴다	広げる	내다	出す、払う
되다	なる	한옥마을	韓屋村	보다	見る
싸다	安い	치마	スカート	하다	する
영화	映画	밥	ご飯	빵	パン
멀다	遠い	식사	食事	건너다	渡る
맛있다	おいしい	만들다	作る	미국인	アメリカ人
기다리다	待つ	많다	多い	*좋다	良い
학교 식당	学校の食堂	공부하다	勉強する	보내다	送る
*머리	頭	여자 친구	ガールフレンド	듣다	聞く
사람들	人々	길다	長い	키가 크다	背が高い
김밥	のり巻き	이메일	e-mail	쉬다	休む
주말	週末	*한국어	韓国語	컴퓨터	パソコン
걸리다	かかる	봄 방학	春休み	고향	故郷
청소하다	掃除する	다니다	通う	꽃구경	花見

第7課

혹시	もしかして	아뇨	いいえ	혼자서	一人で
쇼핑	ショッピング	문자 메시지	メッセージ	신촌	新村（地名）
팔다	売る	그렇게	そんなに	있잖아요	あのですね
실은	実は	걱정	心配	좋아하다	好きだ
운동하다	運動する	지난달	先月	이번 달	今月
다음 달	来月	지난주	先週	이번 주	今週
다음 주	来週	어제	昨日	내일	明日
작년	昨年	올해	今年	내년	来年
일요일	日曜日	월요일	月曜日	화요일	火曜日
수요일	水曜日	목요일	木曜日	금요일	金曜日
토요일	土曜日	벌써	すでに	*눈	雪、目
숙제하다	宿題する	높다	高い	음식	食べ物
날씨	天気	사랑하다	愛する	일어나다	起きる
수업	授業	놀이공원	遊園地	매일	毎日
지금	今	좀	ちょっと、少し	웃다	笑う
노래방	カラオケ	여동생	妹	카페	カフェ

시험	試験	남친	彼氏	여친	ガールフレンド
*넣다	入れる	동아리	サークル	모임	集まり
아르바이트	アルバイト	요가	ヨガ		

第8課

정말	本当	*왜	なぜ	재미있다	面白い
시작하다	始める	작다	小さい	*노래	歌
싫다	嫌だ	쓰다	書く	그래서	それで
알다	知る	늦다	遅い	아프다	痛い
일하다	働く	가르치다	教える	외우다	覚える
술	お酒	볼펜	ボールペン	고프다	(お腹が) 空く
택시	タクシー	타다	乗る	비싸다	高い (値段)
많이	たくさん	한국 요리	韓国料理	너무	あまりにも
헤어지다	別れる	내리다	降りる	맛집탐방	名店探訪
근데	ところで	괜찮다	だいじょうぶだ		
특히	特に	이대 상가	梨大商店街		

第9課

이태원	梨泰院	그럼요	もちろんです	유명한	有名な
드라마	ドラマ	카페	カフェ	예쁜	きれいな
더	もっと	인기	人気	맛집	おいしい店
전화	電話	키	背	좀	少し
좋은 곳	良い所	안내	案内	얘기하다	話す
나중에	後で	가족	家族	귤	みかん
잡지	雑誌	사과	りんご	편지	手紙
*바다	海	산	山	아빠	パパ
연락	連絡	용돈	小遣い		
명동	明洞	-때문에	－のために、－のせいで		

第10課

떡볶이	トッポッキ	먹으러 왔어요?	食べに来ましたか	서류	書類
아주	とても	찍어서	撮って	올리려고 해요	載せようと思います
멋있었어요	素敵でした	저렴해요	安いです	라이브 카페	ライブカフェ
맛집이지만	グルメ店だが	가격	価格	보러 가요	見に行きます
맵지만	辛いけど	좋죠?	いいでしょ	운전면허	運転免許
자전거	自転車				

第11課

*어떻게	どのように	죄송한데요	申し訳ありませが	롯데 백화점	ロッテ百貨店
건너편	向こう側	타세요	乗ってください	내리면	降りたら
보여요	見えます	멀어요?	遠いですか	걸어서	歩いて
가면	行ったら	간판	看板	걸려요	かかります
바로	直ぐ・直ちに	*앞	前	-에서 -까지	～から ～まで
편의점	コンビニ	약국	薬局	묻다	尋ねる
씻다	洗う	*옆	隣、そば	*밑	下、底
*밖	外	뒤	後ろ	안	中
아래	下	*위	上		

第12課

경복궁	景福宮	지하철	地下鉄	그리고	そして
못	前置否定 (不可能)	일해요	働いてます	일단	とりあえず
갈아타세요	乗り換えてください	타야 돼요	乗らなければいけません	갈 수 있어요?	行けますか
일어나다	起きる	정장	スーツ	비행기	飛行機
일찍	早く	케이크	ケーキ	전철	電車
인턴	インターン	숟가락	スプーン	연필	鉛筆

第13課

*같이	一緒に	구하다	求める、手に入れる	알겠어요	わかりました
티켓	チケット	입구	入口	개찰구	改札口
역	駅	기쁘다	嬉しい	앉다	座る
시키다	注文する	게임하다	ゲームする	술	お酒
콘서트	コンサート	홍대	弘大 (地名)		

第14課

지난번	前回	유실물	遺失物	먼저	まず、先に
*우산	傘	-에서도	ーにも	볼게요	見ます
오늘 아침	今朝	찍은	撮った	울다	泣く
샐러드	サラダ	*치마	スカート	저녁 식사	夕食
꽃	花	예약하다	予約する	한정식	韓定食
홈페이지	ホームページ	두고내렸어요	置き忘れました	찾으러 왔어요	探しにきました
도와 드릴까요?	お手伝いしましょうか				

第15課

여보세요?	もしもし	재미없다	おもしろくない	재미있는 일	おもしろいこと
갈 거예요	行くつもりです	K-트로트	K-トロット	가끔	たまに
유행하는	流行の	색다른	風変わりの	가사	歌詞
도서관	図書館	굉장히	ものすごく	지금	今
달다	甘い	쓰다	苦い	무슨	どんな
적다	少ない	좋다	狭い	넓다	広い

第16課

아까부터	先から	그렇게	そんなに	명함	名刺
많으니까	たくさんあるから	먹어 봤어요?	食べてみましたか	찾아 보세요	探してみて ください
검색해 보세요	検索してみてください	주소	住所	기억해요?	覚えていますか
천천히	ゆっくり	펜	ペン	주문하다	注文する
일기	日記	진찰	診察	외출	外出
비	雨	이름	名前	식당	食堂
무슨요리	どんな料理	알면	知れば、 わかれば	치즈퐁닭	チーズポンダク

第17課

*방	部屋	소화제	胃薬	다른	別の、他の
바꿔 주세요	変えて下さい	어렵다	難しい	미안하지만	すみませんが
어둡다	暗い	갖다 주세요	持ってきて下さい	믿다	信じる
서명하다	署名する	설명하다	説明する	차갑다	冷たい
소화불량	消化不良	잡다	つかむ	두통	頭痛
추워요	寒いです	굽다	焼く		

第18課

선배님	先輩	보이네요	見えますね	가세요?	行かれますか
어땠어요?	どうでしたか	갔다 왔어요	行ってきました	도착했어요	到着しました
마중 나왔는데	迎えに来ましたが	좋았어요	良かったです	주무시다	寝る（尊敬）
놓다	置く	방금	たった今	아직	まだ
개강	学期始まり、開講	계시다	いらっしゃる	하얗다	白い
이렇다	そうだ	까맣다	黒い		

第19課

겨울방학	冬休み	장미	バラ	불렀어요	歌いました
연습하고 있어요	練習しています	일주일	一週間	-밖에	―しか
덕분에	おかげ様で	트로트	韓国の歌謡	마감일	締め切り日
빠르다	速い	모르다	知らない	흐르다	流れる
오르다	上がる	서두르다	急ぐ	기르다	養う、飼う
피다	咲く	꽃병	花瓶	서류	書類
이르다	早い	쓰이다	書かれる	행복한	幸せな
한국문화	韓国文化	좀 더	もう少し	정원	庭園

朴恩珠 (パク ウンジュ)

奈良大学、近畿大学　非常勤講師

森 類臣 (モリ トモオミ)

摂南大学国際学部国際学科　特任准教授

権世美 (クォン セミ)

甲南大学、龍谷大学　非常勤講師

チュクチュク　チャ ラ ネ
쭉쭉 자라네 ぐんぐん伸びる韓国語　初級

2022年3月30日　初版発行
2024年3月25日　3刷発行

著　者　　朴恩珠・森 類臣・権世美
発行者　　佐藤和幸
発行所　　株式会社　白帝社
　　　　　〒171-0014 東京都豊島区池袋 2-65-1
　　　　　電話 03-3986-3271　FAX 03-3986-3272
　　　　　https://www.hakuteisha.co.jp
組　版　　（株）アイ・ビーンズ
印刷・製本　ティーケー出版印刷

本文イラスト　森 類臣・崔貞姫
表紙デザイン　（株）アイ・ビーンズ

Printed in Japan〈検印省略〉　ISBN 978-4-86398-456-1
＊定価は表紙に表示してあります。